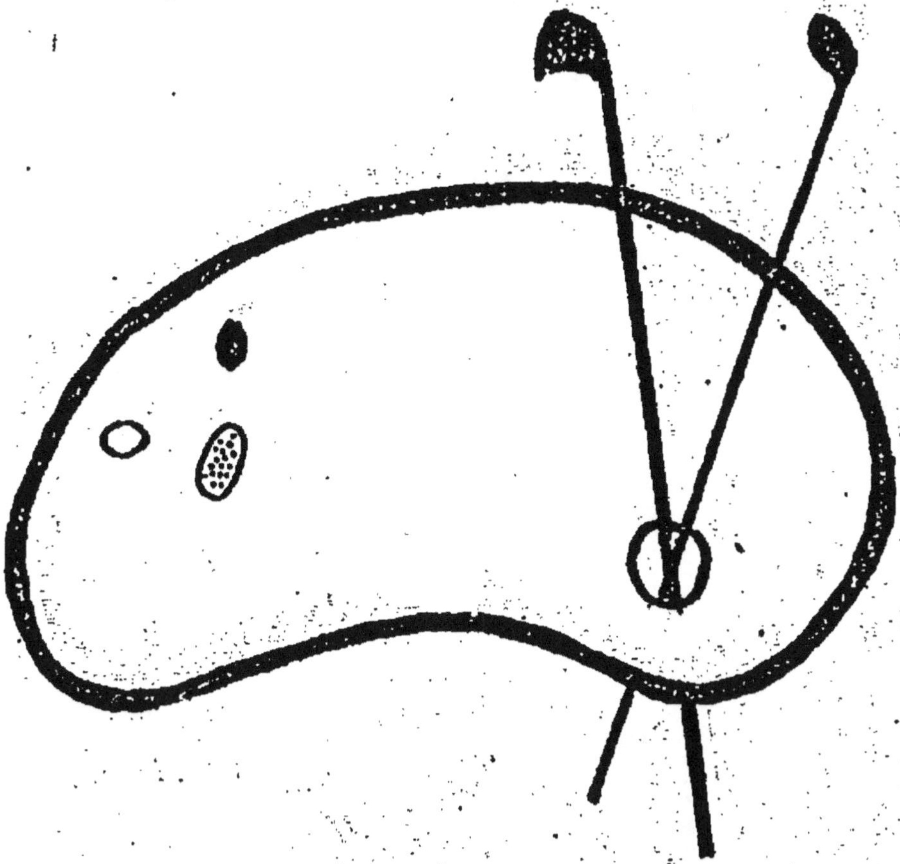

DEBUT D'UNE SERIE DE DOCUMENTS
EN COULEUR

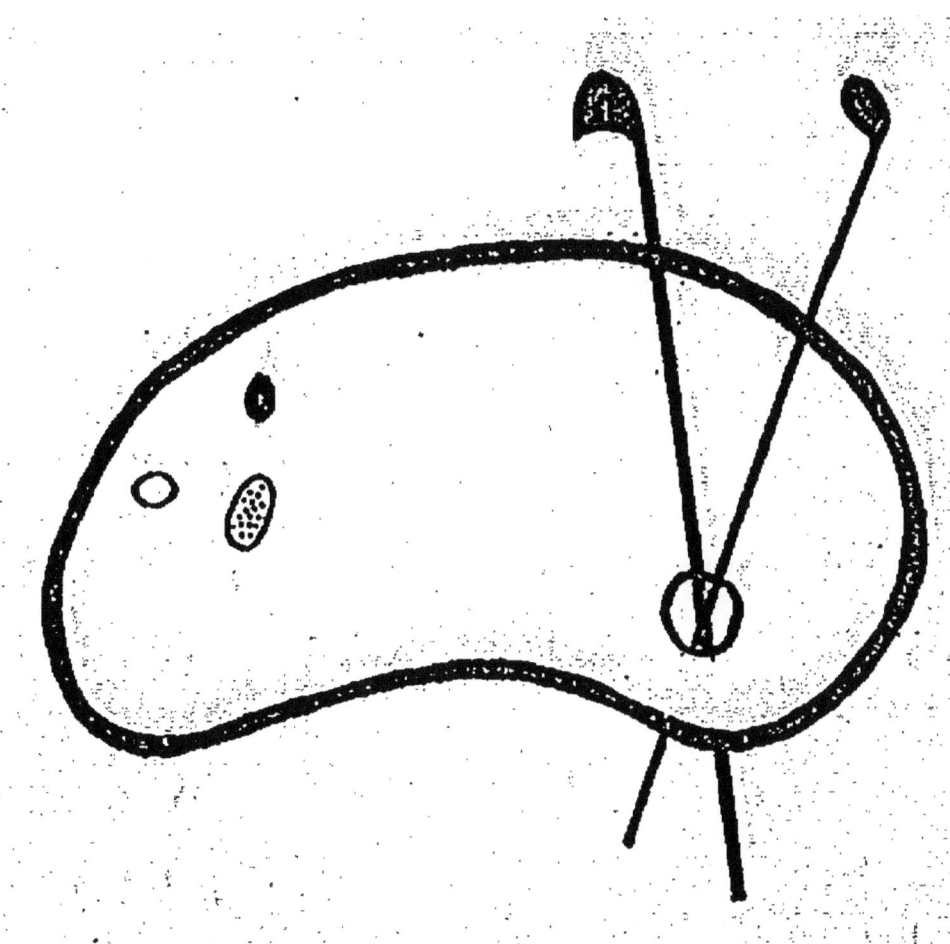

FIN D'UNE SERIE DE DOCUMENTS EN COULEUR

GUIDE PRATIQUE

DANS

PARIS

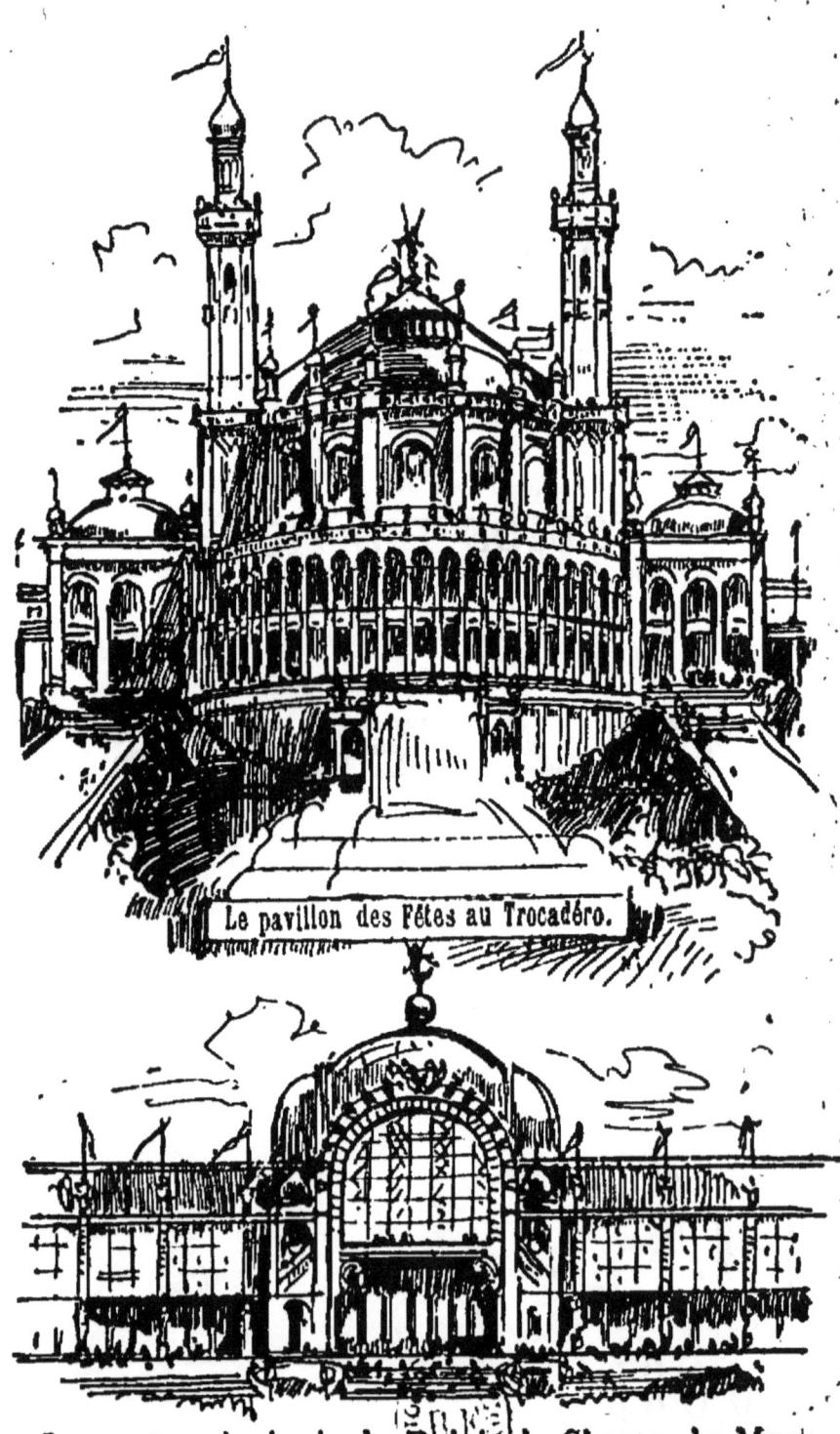

Le pavillon des Fêtes au Trocadéro.

La porte principale du Palais du Champ de Mars.

GUIDE PRATIQUE
DANS
PARIS
PENDANT L'EXPOSITION

PAR

A. BITARD

ILLUSTRÉ

de Vues et de Scènes d'après nature

~~~~~~

PARIS

LIBRAIRIE ILLUSTRÉE. | LIBRAIRIE M. DREYFOUS
7, rue du Croissant. | Faubourg Montmartre, 13

GUIDE PRATIQUE

DANS PARIS

PENDANT L'EXPOSITION

PREMIÈRES PRÉOCCUPATIONS

Avant l'embarquement.

Utilité du passe-port. — Il n'y a plus de passe-ports, du moins on n'exige plus du voyageur qu'il en soit muni, toute autre pièce authentique lui en tient lieu pour établir son identité, si besoin est. Seulement, de même qu'on relevait religieusement une sentinelle dont on avait eu besoin un quart d'heure devant une fenêtre du château de Versailles, plus d'un demi-siècle après que ce besoin avait disparu et malgré le changement de personnes et d'institutions, de même le cerbère de beaucoup de monuments publics et de musées, comme nous le verrons tout à l'heure, vous demandera, aux heures et aux jours qu'il vous serait le plus agréable de les visiter, l'exhibition dudit passe-port. Si donc vous n'êtes certain d'avance de pouvoir obtenir, par vos relations, la permission du gouverneur ou du directeur des établissements en question, le mieux sera de vous munir d'un passe-port.

L'arrivée.

EN GARE. — Si vous avez des bagages enregistrés et qui ont, en conséquence, fait le voyage dans un wagon spécial, c'est dans une salle spéciale aussi qu'ils seront transportés d'abord et vous seront délivrés contre votre bulletin d'enregistrement. Dans cette même salle se trouvent des employés de l'octroi auxquels vous devez déclarer les objets soumis aux droits que renferment vos bagages, si vous le savez, et qui en vérifieront le contenu dans tous les cas. Cette formalité remplie, un facteur s'en emparera, sur votre ordre, et les transportera sur la voiture que vous lui aurez indiquée, si vous avez une préférence. — Vous devez un pourboire à ce facteur. Cependant, et rappelez-vous ce point-ci, au cas où vous auriez choisi d'avance l'hôtel où vous comptez descendre, vous pouvez ne vous inquiéter point de ce détail : c'est à l'hôtel d'y pourvoir.

Il y a enfin, dans toutes les gares, un *bureau de la consigne*, où vous pouvez déposer provisoirement vos bagages, moyennant une faible rétribution.

Si vous éprouvez quelque embarras impossible à prévoir, le premier venu des employés qui circulent dans la gare pourra vous renseigner sommairement, sans aucun doute; mais s'il ne peut le faire, rappelez-vous que toutes les gares de Paris ont un *bureau de renseignements* toujours ouvert.

MOYENS DE TRANSPORT ET DE LOCOMOTION

Voitures de place. — Toute voiture prise sur la voie publique est voiture de place ; en d'autres termes, la voiture de remise subit le tarif des voitures de place si elle n'est prise à la remise même. En sortant de la gare, on n'a généralement que l'embarras du choix dans la longue file de voitures qui stationne le long du trottoir à l'heure propice. C'est le moyen de transport préféré; à moins d'être trop nombreux ou d'être seul et sans bagages, la question d'économie ayant si peu que ce soit d'importance.

Les voitures de place se prennent à la course ou à l'heure : à la course, lorsqu'on se transporte directement d'un point à un autre ; lorsqu'on doit s'arrêter en chemin, fût-ce une seule fois, on les prend à l'heure ; c'est également à l'heure qu'il convient de les prendre si l'on doit se rendre au delà des fortifications, et l'on paye suivant le tarif de nuit. Nous n'y reviendrons pas, l'explication nous paraissant assez claire. Dans ce dernier cas pourtant, si le voyageur, ayant passé les fortifications, congédie sa voiture, il doit au cocher une indemnité de retour de 1 franc pour voiture de place, de 2 francs pour voiture prise sous remise. Dans tous les cas, il a à payer pour ses bagages, 25 centimes pour un colis, 50 centimes pour deux, 75 centimes pour trois et au dessus. — En montant en voiture, il faut exiger du cocher son numéro, qu'il présente d'ailleurs spontanément à l'ordinaire. Avec ce numéro, vous pourrez retrouver la voiture au besoin, soit que vous y ayez perdu quelque chose, soit que vous ayez à vous plaindre du cocher, que vous pourrez désigner sûrement par le numéro.

Du POURBOIRE. — Il est d'usage de donner au cocher, en sus du prix convenu, un pour-

boire de 25 centimes par course ou par heure.
— On vous dira que vous ne lui devez pas ce pourboire : un pourboire n'est jamais dû ; et l'usage pourtant en fait une loi. Lorsque vous demandez quelque chose à un garçon de café, à un garçon de bain, à un cocher, il doit incontestablement vous fournir la chose demandée, mais rien de plus ; si donc il vous *sert* en outre avec politesse, il fait plus qu'il ne doit strictement : c'est pourquoi vous payez un peu plus qu'il n'est tarifé, l'objet ou le service que vous recevez de l'homme qui vous sert. Ajoutons que, si le public a eu le tort d'élever le pourboire à la hauteur d'une institution, les chefs d'administrations ou d'établissements publics en profitent beaucoup plus que leurs serviteurs, et qu'ils savent très-bien faire entrer en compte, dans les appointements de ceux-ci, cette part quelquefois importante due à la contribution volontaire du public.

RÉCLAMATIONS. — Si vous avez à vous plaindre d'un cocher, soit qu'il ait manqué de politesse (cela arrive), soit qu'étant pris à l'heure, il en ait profité pour faire un somme sur son siége pendant que son haridelle en faisait un autre dans les brancards, au lieu de marcher dans la mesure approximative et réglementaire de huit kilomètres à l'heure, adressez votre plainte à la préfecture de police (bureau des voitures), en indiquant le numéro de la voiture. C'est le plus simple et le plus sûr. — Vous pouvez encore vous adresser à l'*Office des locations de la Compagnie générale des voitures de Paris*, 17, boulevard Montmartre. A cet office sont reçues toutes les réclamations, y compris celles relatives aux objets perdus; mais il est bien entendu qu'il faut, pour qu'elle y fasse droit, qu'il s'agisse de ses voitures et de ses cochers, ce dont on s'assure aisément par le numéro, la Compagnie générale étant propriétaire seulement des voitures numérotées de 1 à 5,000. Pour les autres, l'adresse du propriétaire est sur le bulletin numéroté; — mais tenez-vous-en à la préfecture de police.

Nous allons donner maintenant le tarif des voitures de place et de remise, à l'heure et à la course, dans tous ses détails.

TARIF DES VOITURES DE PLACE ET DE REMISE
A LA COURSE, DANS PARIS.

Voitures de place ou prises sur la voie publique.	Jour.	Nuit.	Voitures prises sous remise.	Jour.	Nuit.	Observations.
A 2 places........	1 50	2 25	A 2 places........	1 80	2 25	Le tarif de jour est applicable depuis 6 h. du mat. du 1er avril à fin sept., et depuis 7 h., du 1er oct. à fin mars, jusqu'à minuit et demi dans les deux saisons.
A 4 places........	1 70	2 50	A 4 places........	2 »	2 50	
A 4 places et galer.	1 85	2 50				

TARIF A L'HEURE FRACTIONNÉE
AU DELA DE LA PREMIÈRE HEURE.

	Prix par fractions de 5 minutes au delà de la première heure pour les voitures à				Observations.
	2 fr. l'heure.	2 fr. 25 l'heure.	2 fr. 50 l'heure.	3 fr. l'heure.	
Par 5 minutes.	0 20	0 20	0 25	0 25	La première heure est toujours exigible, qu'elle ait été ou non entièrement employée.
10 —	0 35	0 40	0 45	0 50	
15 —	0 50	0 60	0 65	0 75	
20 —	0 70	0 80	0 85	1 »	
25 —	0 85	0 95	1 05	1 25	
30 —	1 »	1 15	1 25	1 50	
35 —	1 20	1 30	1 50	1 75	
40 —	1 35	1 50	1 70	2 »	
45 —	1 50	1 70	1 90	2 25	
50 —	1 70	1 85	2 10	2 50	
55 —	1 85	2 05	2 30	2 75	

Le boulevard Montmartre.

TARIF A L'HEURE ET HORS PARIS.

Voitures de place ou prises sur la voie publique.	Jour.	Nuit.	Hors Paris.	Voitures prises sous remise.	Jour.	Nuit.	Hors Paris.	Observations.
A 2 places......	2 »	2 50	2 50	A 2 places.....	2 25	3 »	3 »	De 6 h du mat. à minuit en été, à 10 h. du soir en hiver, le tarif de jour est applicable aux courses hors Paris.
A 4 places......	2 25	2 75	2 75	A 4 places.....	2 50	3 »	3 »	
A 4 places et galerie....	2 50	3 »	275					

DANS PARIS

Omnibus des chemins de fer. — Dans la cour de départ de chaque gare de chemin de fer, stationnent des omnibus spéciaux à itinéraire fixe, qui desservent les principaux quartiers de Paris, déposant sur leur chemin les voyageurs qui n'ont pas besoin de faire le parcours entier. Le tarif de ces omnibus est de 30 centimes par place (intérieur ou impériale), jusqu'à minuit, 50 centimes après minuit; et pour les bagages 25 centimes par trente kilogrammes ou fraction de ce poids avant minuit, et 50 centimes après minuit.

Les compagnies de chemins de fer mettent en outre à la disposition du public des omnibus de famille à un ou à deux chevaux; ces omnibus ont un tarif spécial, variant, suivant le nombre de personnes, suivant l'heure, de 2 francs à douze francs; les bagages y sont transportés gratuitement jusqu'à 150 kilogrammes pour une voiture à un seul cheval, jusqu'à 300 kilogrammes pour une voiture à deux chevaux. Ces omnibus sont assez difficiles à obtenir à de certaines heures, sans compter le risque d'une attente prolongée; mais pour le retour, en prévenant par écrit, la veille, le chef de gare ou le bureau central des omnibus à la gare où l'on doit se rendre, on peut compter qu'ils seront à l'heure dite à votre porte; et c'est un avantage dont on peut tirer profit au double point de vue de la ponctualité et de l'économie.

Les omnibus de la compagnie générale. — Les omnibus de la Compagnie générale ont des stations dans le voisinage de chaque gare. Les indications les plus utiles et les plus claires que nous puissions donner sur l'emploi de cette sorte de véhicules, dans un moment où, par la création de nouvelles lignes à rails ou *tramways*, les itinéraires se modifient tous les jours, sont celles-ci : présentez-vous au chef d'une de ces stations et informez-vous si, directement ou par correspondance avec une autre ligne ou avec une ligne de tramways, l'omnibus vous conduira dans le quartier où vous devez vous rendre. Il serait bien étonnant que, de manière ou d'autre, il ne vous conduisît pas au moins très-près de votre destination. Agissez alors suivant les informations que vous aurez obtenues.

Le tarif des omnibus de Paris, pour trajet direct, est de 30 centimes à l'intérieur et de 15 centimes sur l'impériale, quelle que soit l'heure ; avec correspondance, c'est 30 centimes dehors ou dedans.

Après vous être assuré, étant entré dans la première voiture, qu'il vous faudra en descendre pour reprendre une autre ligne desservant le quartier où vous vous rendez, vous demandez une correspondance au conducteur et l'indication du lieu où le changement de voiture s'effectue. — Ces renseignements se donnent volontiers, et rarement avec mauvaise humeur : il n'est pas de jour où des Parisiens même ne se réclament ainsi de l'obligeance du conducteur.

On descend de sa voiture à une station devant laquelle passera celle qu'on doit reprendre sans être obligé à d'autre payement que la remise du bulletin cartonné témoignant du droit à la *correspondance*. Il faut alors entrer dans cette station et demander un numéro d'ordre pour la voiture qu'on attend. La voiture arrivée, votre numéro appelé, vous entrez dans cette voiture et remettez *en même temps* votre correspondance au conducteur. — En cas d'ignorance complète du lieu où l'on doit descendre en définitive, priez le conducteur d'arrêter à proximité de ce lieu : il le fera.

Le tarif des tramways est le même que celui des omnibus ordinaires. Les tramways desservant les localités hors Paris font payer, en outre, suivant la distance à parcourir au delà des fortifications.

CHEMIN DE FER DE CEINTURE. — Un autre mode de transport, auquel on ne pense pas toujours, mais qui est excellent lorsque, de la gare où l'on est descendu, on se rend dans un quartier excentrique, voisin des fortifications, c'est le chemin de fer de ceinture.

Le chemin de fer de ceinture dessert les stations suivantes, de la gare de l'Ouest (rue Saint-Lazare) à la gare de Courcelles-ceinture et retour : Batignolles, Courcelles-Levallois, Neuilly (porte Maillot), avenue du Bois de Boulogne, avenue d'Eylau (créée à l'occasion de l'Exposition de 1878), Passy, Auteuil, Point-du-Jour, Grenelle, Vaugirard-Issy, Ouest-ceinture (rive gauche), Montrouge, la Glacière-Gentilly, la Maison-Blanche, Orléans-ceinture, la Râpée-Bercy, Bel-Air, avenue de Vincennes, Charonne, Ménilmontant, Belleville-La-Villette, pont de Flandre, La Chapelle-Saint-Denis, Nord-ceinture, boulevard Ornano (Montmartre), avenue de Saint-Ouen, avenue de Clichy et Courcelles-ceinture. — En donnant le tarif du trajet de la gare Saint-Lazare à ces diverses gares de ceinture, nous ne pourrions être utile qu'à fort peu de nos lecteurs, qui, d'ailleurs, peuvent aisément s'informer, à leur gare d'arrivée, de tous les détails concernant cette ligne utile. Nous nous bornerons donc à leur donner ce renseignement que le trajet entier ne coûte que 85 centimes en première classe et 55 centimes en deuxième classe les jours ouvrables; et les jours de fêtes e. dimanches 1 franc 10 centimes en première classe et 70 centimes en deuxième classe. C'est un mode économique souvent, qui n'exige en tout cas qu'un surcroît de dépenses de quelques sous et est beaucoup plus sûr. Toutefois, passé neuf heures du soir, il est peu de gares où le chemin de fer de ceinture prenne encore des voyageurs. C'est une chose dont il importe de s'informer.

DISTANCE DE CHAQUE GARE A L'EXPOSITION. — Pour l'édification des piétons résolus qui, de quelques gares au moins, pourraient vouloir se rendre directement, ne fût-ce que pour prendre langue, à l'Exposition universelle, nous avons fait le relevé des distances qui séparent chacune des gares de Paris du pont d'Iéna, reliant le Champ de Mars au Trocadéro.

Voici quelles elles sont :

De la gare de l'Ouest (rue Saint-Lazare) au pont d'Iéna, il y a.................., 3 kilom. 400
De la gare de l'Ouest (Montparnasse)................................ 1 — 800
De la gare du Nord (place Roubaix)................................ 5 — 300

De la gare de l'Est (place de Strasbourg).................. 5 kilom. 200
De la gare de Vincennes et la Varenne-Saint-Maur (place de la Bastille)....................... 7 — 100
De la gare de Lyon-Méditerranée (boulevard Mazas).......... 5 — 600
De la gare d'Orléans et du Midi (quai d'Austerlitz)............. 5 — 600
De la gare de Sceaux, Orsay et Limours (ancienne barrière d'Enfer)........................... 3 — 000

BATEAUX-OMNIBUS. — Deux compagnies de bateaux-omnibus montent et descendent la Seine tout le long du jour : les *Mouches*, organisées en 1867 à l'occasion de l'Exposition universelle, et les *Hirondelles*, dont l'existence remonte seulement à 1876. Sur les deux rives règne une double série d'embarcadères où le bateau-omnibus vient prendre les voyageurs qui l'attendent et débarquer ceux dont le trajet est accompli. La traversée de Paris dans ces bateaux coûte 20 centimes et 25 centimes les jours fériés ; ce prix n'est pas diminué, bien entendu, quelque court que soit le trajet dans les limites indiquées.

Les *Mouches* font en outre un service en

amont du fleuve, du pont National (Bercy) à Charenton, et en aval, du pont Royal à Saint-Cloud et à Suresnes, moyennant un prix qui varie avec la distance.

Les *Hirondelles* font un service spécial du pont d'Austerlitz (jardin des Plantes) à Charenton) au tarif de 10 centimes en semaine et 15 centimes les jours fériés.

QUESTIONS DE DOMICILE ET DE NOURRITURE

Hôtels, Maisons meublées, Restaurants, Établissements de bouillon, Crémeries, Débits de vins, Cafés, Brasseries.

Il n'est guère supposable que vous soyez venu à Paris sans avoir en poche l'adresse de quelque bon hôtel dont les prix connus soient en rapport avec vos ressources ou avec le budget que vous avez dressé des dépenses de votre voyage. Néanmoins cela peut être. Ne réclamez rien de plus, dans ce cas, à un *Guide* consciencieux, que des renseignements généraux. S'il faisait plus, il risquerait de vous tromper, de bonne foi ou non.

D'abord, en fait d'hôtels et de restaurants, Paris en a pour toutes les bourses et bien peu, dans les prix raisonnables, qui soient absolument impossibles. Rappelez-vous enfin que ce ne sont pas toujours les plus vantés qui sont les meilleurs ; et faites attention qu'en vous en indiquant quelques-uns, nous ferions tort, non-seulement aux autres, mais à vous-même qui pourriez avoir sous la main, sans que nous puissions le savoir, ce que nous vous enverrions chercher à plusieurs kilomètres de distance.

HÔTELS. — Dans les hôtels les plus riches on peut avoir une chambre et un salon convenables pour le prix de 25 à 35 francs par jour ; on a une chambre et un cabinet de toilette, dans les hôtels de deuxième ordre, grands quartiers, pour 4 à 6 francs ; des chambres depuis 2 francs dans les bons hôtels des quartiers commerçants et d'affaires : quartiers du Sentier, des Arts et Métiers, de l'Hôtel de Ville, autour des Halles, aux environs de l'Hôtel des Postes, de la Banque, etc. — Il importe, lorsqu'on a choisi sa chambre ou son appartement à l'hôtel, de faire prix d'avance, en stipulant que le service est ou non compris dans le prix.

Maisons meublées. — Il existe des maisons meublées qui ont, comme les hôtels, des tables d'hôte. Nous ne voyons pas qu'il soit besoin d'établir une différence entre ces deux espèces d'établissements. Mais il y a, en outre, des maisons meublées qui se bornent à vous fournir le logement et le linge de toilette. Dans celles-ci, suivant les quartiers, on peut avoir une chambre confortable pour 50 à 150 francs par mois, une chambre modeste pour 35 francs ; par jour, le prix est à peu près le même que dans les hôtels. On trouve enfin des chambres ou des appartements meublés dans des maisons particulières à des prix fort variables suivant les conditions.

Nota. — Tandis que les appartements à louer, à Paris, sont indiqués au passant à l'aide d'affiches *blanches*, les appartements et les chambres meublés, outre le mot *meublé* qu'on peut y lire de près, sont affichés au moyen d'affiches *jaunes* qui se voient de loin.

Restaurants. — Il y a des restaurants à prix fixe et des restaurants à la carte en nombre considérable et aux prix les plus variés. Il y en a dans tous les quartiers, et il suffit de jeter les yeux autour de soi, de faire quelques pas tout au plus dans un sens ou dans l'autre pour trouver son affaire. — Les *restaurants à prix fixe* sont plus généralement recherchés du voyageur dont les ressources sont restreintes plus ou moins, parce qu'il sait ce qu'il va dépenser avant de se mettre à table. Ces sortes de restaurants se découvrent aisément, parce que leurs prix sont indiqués à l'aide de lettres et de chiffres de cuivre collés sur les glaces de la devanture ou sur une plaque de marbre noir. Mais comme, en dehors de ceux qui s'offrent spontanément au passant affamé, il est certains quartiers dont la renommée est universelle pour les restaurants qu'ils abritent dans leurs murs, nous rappellerons qu'au Palais-Royal on peut déjeuner pour 1 fr. 25 et dîner pour 2 francs, et au passage Jouffroy (boulevard Montmartre), déjeuner pour 1 fr. 75 et dîner pour 3 francs. Dans d'autres quartiers, notamment boulevards de Sébastopol et Saint-Michel, même rue Le Peletier, on déjeune pour 90 centimes et l'on dîne pour 1 fr. 20 très-convenablement.

Dans ces mêmes restaurants, on dépense davantage si l'on veut, bien entendu ; dans leur voisinage immédiat se trouvent les restaurants les plus estimés et les plus chers, mais alors ce sont des *restaurants à la carte*, et nous n'avons guère autre chose à faire que de constater leur existence, les personnes qui s'y adressent n'ayant évidemment d'autre souci que de faire un bon dîner quel qu'en soit le coût. Le prix du plat, dans ces sortes d'établissements, varie de 50 centimes à 2 fr. 75, en fait de plats ordinaires de viande ou de poisson.

Les ÉTABLISSEMENTS DE BOUILLON, fondés par des bouchers dans le but d'utiliser les restes de leur étal, sont aussi très-recherchés d'une partie du public. D'abord, on y peut entrer pour prendre un simple bouillon (20 centimes), ou un potage, lorsqu'on n'a pas besoin d'autre chose ; ce qu'on n'oserait faire dans un restaurant, non qu'on n'ait le droit strict de le faire, mais parce que l'usage est d'y dépenser une somme plus importante. Cet avantage de pouvoir prendre un bouillon en attendant l'heure d'un dîner servi plus loin est inappréciable ; on déjeune et l'on dîne aussi très-confortablement, de viande de boucherie et de légumes surtout, dans ces sortes d'établissements qu'on rencontre aujourd'hui dans tous les quartiers.

Les CRÉMERIES sont ainsi appelées, sans doute, de ce qu'il n'y est jamais entré un atome de crème. Mais elles offrent, en revanche, café, chocolat et riz au lait, café noir, œufs sur le plat, côtelettes et beefsteaks, vins, liqueurs, etc., à des prix généralement modérés. — Les crémeries abondent surtout dans les quartiers populeux.

Les MARCHANDS DE VIN se trouvent sans peine ; je ne crois pas qu'on puisse faire à Paris vingt-cinq pas dans n'importe quelle rue sans rencontrer au moins une boutique de marchand de vin de chaque côté. Mais il en est qui donnent des *déjeuners* tout le long du jour et, sinon de bien délicats, d'excellents et de plantureux. Beaucoup de personnes aiment à se retirer dans une arrière-salle de cabaret, en famille ou non, et à s'y administrer un énorme beefsteak suivi au besoin d'un simple morceau de fromage et accompagné d'une bonne bouteille de vin, le tout au plus juste prix. Les estomacs puissants, préférant une nourriture saine et abondante à une nourriture délicate mais suspecte, et qui se moquent de l'élégance du service et du qu'en dira-t-on, dînent volontiers chez le marchand de vin, bien qu'incapables de s'oublier autour du comptoir.

CAFÉS ET BRASSERIES. — Les cafés et les

brasseries donnent aussi à déjeuner quelquefois. L'indication en est faite, dans ce cas, sur la devanture. Quant aux cafés, simples lieux de réunion et de consommation de liqueurs variées, ils sont nombreux et se voient de loin. Les cafés des grands boulevards sont très-élégants et les consommations y coûtent fort cher. Ceux du boulevard des Italiens et surtout ceux du boulevard Montmartre sont fréquentés par des artistes, des gens de lettres et des journalistes. Ceux-ci, par exemple, sont exclusifs en diable : le café des républicains modérés n'est pas celui des radicaux; les « conservateurs » ne fréquentent ni l'un ni l'autre, comme de raison; les bonapartistes ont le leur plus éloigné des autres encore, sur le boulevard des Capucines; les éclectiques enfin se fourrent partout, et ce ne sont pas les moins amusants.

A quelques exceptions près, les cafés du boulevard Montmartre et du boulevard des Italiens comptent au nombre de leurs consommateurs les plus assidus des *dames* suspectes en quantité excessive. Nous en dirons autant des brasseries, grandes et petites, situées sur ces mêmes boulevards ou aux alentours.

Un café du boulevard.

CABINETS INODORES

Il existe des latrines publiques près des ponts, sur les chemins de halage des deux rives de la Seine; il y en a aussi près des marchés. Mais ce ne sont pas des « cabinets inodores, » et ce sont, en tout cas, des cabinets fort malpropres. — Mais nécessité n'a pas de loi et surtout pas de sottes préventions. En dehors de ces lieux horribles, nous avons des cabinets inodores très-soigneusement entretenus, dans les quartiers les plus fréquentés, à 15 centimes la séance. Nous citerons ceux du carré des Champs-Elysées, des passages Choiseul, des Panoramas, Jouffroy, de l'Opéra, des Princes, du Saumon, du Ponceau (boulevard Sébastopol et rue Saint-Denis), Radziwil (rue Radziwil et rue de Valois), boulevard des Italiens, n° 17, Palais-Royal, jardins des Tuileries et du Luxembourg, des Plantes, etc.; sans compter ceux qu'on est toujours sûr de trouver dans les gares et dans les cours intérieures.

DEMANDE DE RENSEIGNEMENTS SUR LA VOIE PUBLIQUE.

Si vous avez à demander la situation exacte d'une maison connue, d'un palais, d'un établissement public ; si vous vous êtes égaré et que vous ne puissiez retrouver votre chemin sans aide : vous pourrez trouver le renseignement dont vous avez besoin auprès d'un de ces commissionnaires parisiens accroupis au coin des rues, leur boîte et leurs brosses à cirer devant eux, du moins très-probablement, et sans qu'il vous en coûte rien ; vous l'obtiendrez sûrement du gardien de la paix, muni d'une liste alphabétique des rues de Paris expressément dans ce but, et dont la complaisance est sans bornes à l'état de paix.

AMBASSADES, LÉGATIONS, CONSULATS

Allemagne. — Ambassade, rue de Lille, 78; consulat, rue Saint-Florentin, 2.

Argentine (République). — Légation, rue de

Berlin, 5; consulat, rue de la Grange-Batelière, 13.

Autriche. — Ambassade, rue Las-Cases, 7 et 9; consulat, rue Laffitte, 19..

Bavière. — Légation, rue de Berri, 5; consulat, rue du Faubourg-Poissonnière, 12.

Belgique. — Légation, rue du Faubourg-Saint-Honoré, 153; consulat, boulevard Denain, 9.

Bolivie. — Légation, avenue Joséphine (ou de Belfort), 59.

Brésil. — Légation, rue de Téhéran, 13 et 17; consulat, rue du Colisée, 43.

Chili. — Légation, rue de Monceau, 54; consulat, rue de Laval, 26.

Colombie. — Légation, boulevard Malesherbes, 55; consulat, avenue de l'Observatoire, 19.

Costa-Rica. — Légation et consulat, rue du Faubourg-Poissonnière, 177.

Danemark. — Légation, rue de l'Université, 37; consulat, rue d'Hauteville, 53.

Dominicaine (République).— Légation et consulat, rue du Faubourg-Poissonnière, 177.

Équateur. — Légation et consulat, rue Laffitte, 7.

Espagne. — Ambassade, quai d'Orsay, 25; consulat, rue de Ponthieu, 70.

États-Unis de l'Amérique du Nord. — Légation, rue de Chaillot, 95; consulat, rue de Châteaudun, 55.

Grande-Bretagne. — Ambassade et consulat, rue du Faubourg-Saint-Honoré, 39.

Grèce. — Légation, avenue de Messine, 19; consulat, rue Taitbout, 20.

Guatemala. — Légation, rue de Marignan, 16; consulat, rue du Sentier, 12.

Haïti. — Légation, rue Portalis, 9; consulat, rue du Faubourg-Poissonnière, 9.

Hawaï. — Légation, avenue de la Reine-Hortense, 13.

Honduras. — Légation, rue Decamps, 27; consulat, boulevard Sébastopol, 18.

Italie. — Ambassade, rue Saint-Dominique-Saint-Germain, 127; consulat, rue de Lisbonne, 74.

Japon. — Légation et consulat, avenue de Belfort (ci-devant *Joséphine*), 75.

Libéria. — Légation et consulat, rue de la Victoire, 43.

Monaco. — Légation, rue Billault, 22.

Nicaragua. — Légation, avenue Gabriel, 44; consulat, rue de Provence, 34.

Paraguay. — Légation et consulat, boulevard Haussmann, 82.

Pays-Bas. — Légation, avenue Bosquet, 2; consulat, avenue de Belfort, 54.

Pérou. — Légation, rue de Monceau, 56; consulat, rue Saint-Georges, 35.

Perse. — Légation, avenue de Belfort, 65; consulat, rue de Londres, 17.

Portugal. — Légation, avenue de Friedland, 30; consulat, rue Malesherbes, 21.

Russie. — Ambassade et consulat, rue de Grenelle-Saint-Germain, 79.

Saint-Marin. — Légation, rue Pergolèse, 39.

Saint-Siége. — Nonciature, rue Saint-Dominique-Saint-Germain, 102, et à Versailles, rue de la Bibliothèque, 10.

San Salvador. — Légation, boulevard Haussmann, 27; consulat, rue du Faubourg-Poissonnière, 177.

Siam. — Légation et consulat, rue d'Amsterdam, 18.

Suède et Norwège. — Légation, rue de Rovigo, 22; chancellerie, avenue Montaigne, 51; consulat, rue de Chaillot, 96.

Suisse. — Légation, rue Blanche, 3.

Turquie. — Ambassade et consulat, rue Laffitte, 17.

Uruguay. — Consulat, rue de Boulogne, 5.

Venezuela. — Légation, rue du Colisée, 19; consulat, rue du Faubourg-Poissonnière, 32.

SERVICE DES POSTES

Outre l'administration centrale des postes, dont les bureaux sont situés rue Jean-Jacques Rousseau, n° 55 (ancien hôtel d'Armenonville), mais à laquelle il est rare aujourd'hui, sauf pour le cas de réclamation d'une lettre égarée, que le public soit absolument forcé de s'adresser, il existe soixante et un bureaux disséminés, suivant le besoin, dans les vingt arrondissements de Paris, ainsi que des boîtes nombreuses pratiquées soit dans la devanture d'un débit de tabac, dans la fenêtre du concierge d'une grande administration ou d'un hôtel, soit enfin dans l'intérieur d'une borne de fonte.

Dans ces boîtes, on ne peut naturellement que jeter les lettres toutes préparées qu'un facteur vient à des intervalles réguliers enlever pour les porter au bureau. Dans les bureaux, on peut déposer des lettres, des paquets, des échantillons, des journaux, papiers d'affaires, etc.; affranchir, charger, recommander, faire des envois d'argent, par mandat postal ou valeur déclarée, recevoir les lettres adressées *poste restante*, etc.

On peut enfin se procurer des timbres-poste pour affranchissement auprès de toute personne, débitant de tabac ou autre, détenteur d'une boîte aux lettres.

Poste restante. — Lorsqu'on se fait adresser des lettres simples ou chargées à Paris, sans autre indication, on ne peut les retirer qu'au bureau spécial de l'Hôtel des postes, lequel s'ouvre à l'angle de la rue Pagevin et de la rue Coq-Héron. Pour les recevoir dans tout autre bureau de Paris, il suffit de faire indiquer dans la suscription le bureau auquel on désire la recevoir. Le bureau de la rue Pagevin, ouvert à huit heures du matin, ferme à dix heures du soir; les bureaux d'arrondissement ferment huit heures du soir; les uns et les autres ferment à cinq heures les dimanches et jours fériés.

Nota. — Se munir d'une pièce authentique ou d'un passe-port pour prouver son identité à l'employé de la poste restante.

Désignation et adresses des bureaux par arrondissements.

1er *Arrondissement.*

Quai des Orfévres, 14.
Rue du Pont-Neuf, 17.
Place du Théâtre-Français, 4.
Rue de Luxembourg, 9.

2e *Arrondissement.*

Rue d'Antin, 19.
Place de la Bourse, 4.
Rue de Cléry, 28.
Rue Turbigo, 47.

3e *Arrondissement.*

Boulevard Beaumarchais, 83.
Rue des Vieilles-Haudriettes, 4.

4e *Arrondissement.*

Rue de la Tacherie, 4.
Rue Saint-Antoine, 170.

5e *Arrondissement.*

Rue Cardinal-Lemoine, 28.
Rue des Feuillantines, 91.
Rue Monge, 88.

6e *Arrondissement.*

Rue Serpente, 18.
Rue de Vaugirard, 36.
Rue du Cherche-Midi, 53.
Rue Bonaparte, 21.

7e *Arrondissement.*

Rue St-Dominique (boulev. St-Germain), 56.
Rue Saint-Dominique, 164.
Rue de Bourgogne, 2.

8e *Arrondissement.*

Avenue de Belfort, 42.
Rue Montaigne, 26.
Place de la Madeleine, 28

Boulevard Malesherbes, 68.
Rue d'Amsterdam, 19.

9e Arrondissement.

Rue Milton, 9.
Rue Taitbout, 46.

10e Arrondissement.

Gare du chemin de fer du Nord.
Rue de Strasbourg, 10.
Rue d'Enghien, 24.
Boulevard Magenta, 3.
Rue des Écluses-Saint-Martin, 4.

11e Arrondissement.

Boulevard Richard-Lenoir, 136.
Boulevard Voltaire, 105.

12e Arrondissement.

Rue d'Aligre, 32.
Boulevard Mazas, 19.
Rue du Rendez-Vous, 20 (Saint-Mandé).
Rue de Bercy, 43 (Bercy).

13e Arrondissement.

Boulevard de l'Hôpital, 26.
Rue Jeanne-d'Arc, 9 (gare d'Ivry).
Avenue d'Italie, 104 bis (Maison-Blanche).

14e Arrondissement.

Rue Mouton-Duvernet, 16.
Rue de l'Ouest, 107 (Vaugirard).

15e Arrondissement.

Rue Bausset, 14 (Vaugirard).
Rue du Théâtre, 23 (Grenelle).

16e Arrondissement.

Rue Pierre-Guérin, 9 (Auteuil).
Rue Guichard, 9 (Passy).
Place d'Eylau, 3 (Passy).

17e Arrondissement.

Rue de Villiers, 7 (les Ternes).
Rue des Batignolles, 42.
Rue Jouffroy, 49 (Batignolles).

18e *Arrondissement.*

Rue des Abbesses, 11 (Montmartre).
Rue Hermel, 34 (Montmartre).
Rue Doudeauville, 4 (la Chapelle).

19e *Arrondissement.*

Rue de Flandre, 101 (la Villette).
Rue d'Allemagne, 139 (la Villette).

20e *Arrondissement.*

Boulevard de Puebla, 397 (Belleville).
Rue de Bagnolet, 22 (Charonne).

La levée des boîtes est effectuée sept fois par jour, et il y a également sept distributions des lettres à destination de Paris.

Les lettres adressées de Paris aux départements ou à l'étranger doivent, pour partir par les courriers du soir, être mises à la poste avant cinq heures aux boîtes des quartiers, avant cinq heures et demie aux bureaux ordinaires, avant cinq heures quarante-cinq aux douze bureaux dont nous parlons plus loin, et avant six heures aux bureaux de la place de la Bourse, 4; de la rue de Cléry, 28; de la place du Théâtre-Français, 4; et de l'Hôtel des postes, rue Jean-Jacques Rousseau, 55. Il y a, en outre, des levées spéciales, sans taxe supplémentaire, aux bureaux des gares ou du voisinage immédiat, avant le départ des trains-poste. Enfin, les lettres à destination de la ligne du Havre peuvent encore partir par les courriers du soir, si elles sont jetées à la boîte, aux quatre bureaux que nous venons de nommer, avant neuf heures et demie.

Levées exceptionnelles avec taxes supplémentaires. — Aux douze bureaux ci-après, le délai extrême pour le départ du soir est cinq heures quarante-cinq, sans taxe supplémentaire; six heures, avec taxe supplémentaire de 20 centimes; six heures quinze, avec taxe supplémentaire de 40 centimes. Ces bureaux sont ceux des rues du Pont-Neuf, de Luxembourg, d'Antin, du boulevard Beaumarchais, de la rue des Vieilles-Haudriettes, de la rue du Cardinal-Lemoine, de la rue Bonaparte, de la rue Saint-Dominique, 56, de la place de la Madeleine, de la rue Taitbout, de la rue Milton et de la rue d'Enghien. Aux bureaux de la place de la Bourse, de la rue de Cléry, de la place du Théâtre-Français et à l'Hôtel des postes, les derniers délais, avec taxes supplémentaires proportionnelles, sont six heures quinze et six heures trente. Enfin, à l'Hôtel des postes seulement, on peut faire partir une lettre moyennant 60 centimes de taxe supplémentaire jusqu'à six heures quarante, pour la ligne de Marseille (train rapide) et jusqu'à sept heures pour les autres.

Tarif du port des lettres.

France. — La loi la réforme postale fixe comme suit le tarif uniforme du port des lettres sur tout le territoire de la République, à dater du 1er mai 1878 :

Art. 1er. — La taxe des lettres affranchies est fixée à quinze centimes (0 fr. 15) par 15 grammes ou fraction de 15 grammes.

La taxe des lettres non affranchies est fixée à trente centimes (0 fr. 30) par 15 grammes ou fraction de 15 grammes.

Art. 2. — La taxe des cartes postales est fixée à dix centimes (0 fr. 10).

Lettres à destination de l'étranger. — Les lettres de France aux divers Etats de l'Europe et aux pays ci-après, sont frappées d'une taxe uniforme de 25 centimes par 15 grammes (affranchies) : Russie d'Asie ; Turquie d'Asie ;

Le Palais de la Bourse.

Égypte, y compris la Nubie et le Soudan; Madère et Açores; Maroc; Perse (voie de Russie ou de Turquie); colonies et établissements espagnols de la côte septentrionale d'Afrique; Tunis; Tripoli de Barbarie; enfin, en Chine: villes de Kaïgan, Pékin, Tien-Tsin et Urga (voie de Russie).

Elles payent 35 c. pour les suivants : États-Unis de l'Amérique du Nord, Brésil, République Argentine, Japon, Chine (voie de Marseille ou de Brindisi), Perse (voie du golfe Persique), colonies et établissements d'outremer français, britanniques, danois, espagnols, néerlandais et portugais, etc.

Lettres chargées (pour France), en sus du prix d'affranchissement, 50 centimes.

Lettres chargées et valeurs déclarées, en sus de l'affranchissement et du droit fixe de 50 centimes, il faut ajouter un droit proportionnel de 10 centimes par 100 francs et au-dessous. (Loi d'avril 1878.)

LE TÉLÉGRAPHE

Il y a dans les divers quartiers de Paris des bureaux télégraphiques ouverts au public, depuis sept heures du matin, du 1er avril au

30 septembre, et depuis huit heures le reste du temps, jusqu'à neuf heures du soir; quelques-uns de ces bureaux, que nous désignons d'ailleurs au tableau ci-après, ferment à minuit ou restent en permanence nuit et jour.

Désignation et adresses des bureaux télégraphiques.

1er Arrondissement.

Rue Jean-Jacques Rousseau, 53.
Avenue de l'Opéra, 4.
Place Vendôme, 15.
Rue des Halles, 22.   *Minuit.*
Boulevard du Palais, au Palais de Justice.
Rue des Prêtres-St-Germain-l'Auxerrois, 23.

2e Arrondissement.

Palais de la Bourse.
Place de la Bourse, 12.   *Nuit.*
Rue de Cléry, 28.

3e Arrondissement.

Rue des Vieilles-Haudriettes, 6.
Rue Turbigo, 51.
Boulevard Beaumarchais, 23.

4e *Arrondissement.*

Rue de Rivoli, 17.

5e *Arrondissement.*

Boulevard Saint-Germain, 11.
Rue Santeuil, 2.

6e *Arrondissement.*

Boulevard Saint-André, 3.
Quai Malaquais, aux Bateaux-omnibus.
Rue des Saints-Pères, 35.
Rue de Vaugirard, 17. *Minuit.*
Rue de Rennes, 154.

7e *Arrondissement.*

Rue de Grenelle-Saint-Germain, 103. *Nuit.*
École Militaire (pavillon de l'Artillerie).

8e *Arrondissement:*

Avenue des Champs-Élysées, 33. *Minuit.*
Boulevard Haussmann, 121.
Boulevard Malesherbes, 4.
Rue Saint-Lazare, 112. *Nuit.*
Rue Boissy-d'Anglas, 3. *Minuit.*

9e *Arrondissement.*

Grand Hôtel (boulevard des Capucines.)
Minuit.

Rue Lafayette, 35.
Rue Sainte-Cécile, 2.
Boulevard de Clichy, 81.

10e *Arrondissement.*

Rue de Dunkerque, 18 (gare du Nord).
Minuit.

Rue de Strasbourg, 8.
Boulevard Saint-Denis, 16. *Minuit.*

11e *Arrondissement.*

Place du Château-d'Eau, 2. *Minuit.*
Boulevard Voltaire, 119.
Faubourg Saint-Antoine, 222.

12e *Arrondissement.*

Rue de Lyon, 57-59.
Rue Le Gallois, 1 (Bercy).
Gare de Lyon, boulevard Mazas. *Minuit.*

13e *Arrondissement.*

Gare d'Orléans, quai d'Austerlitz, 155. *Minuit.*

Avenue d'Italie, 6 (Gobelins).

14e *Arrondissement.*

Avenue d'Orléans, 8.

15e *Arrondissement.*

Rue du Théâtre (Grenelle), 63.
Rue de Vaugirard, 232.

16e *Arrondissement.*

Rue d'Auteuil, 36.
Avenue de la Grande Armée, 33.
Place d'Eylau, 3.
Place de Passy, 2.

17e *Arrondissement.*

Rue Brochant, 25.
Avenue de Villiers, 72.

18e *Arrondissement.*

Rue du Mont-Cenis, 69.
Boulevard Rochechouart, 84.
Rue de la Chapelle-Saint-Denis, 104.

19ᵉ *Arrondissement.*

Rue de Flandre, 23.
Rue d'Allemagne, 211.

20ᵉ *Arrondissement.*

Rue de Puebla, 387 (Belleville).

Tarif des dépêches.

France. — Une loi en date du 21 mars 1878 fixe comme suit le tarif des télégrammes en France, à partir du 1ᵉʳ mai 1878 :

Art. 1ᵉʳ. — La taxe télégraphique, pour tout le territoire de la République, est fixée comme suit :

Quelle que soit la destination, il sera perçu cinq centimes (0 fr. 05) par mot, sans que le prix de la dépêche puisse être moins de cinquante centimes (0 fr. 50 c.).

Pour l'étranger les tarifs demeurent provisoirement dans les mêmes conditions, savoir :

Tarifs internationaux. — La dépêche de vingt mots coûte :

Pour la principauté de Monaco.	2	»
Pour le grand-duché de Luxembourg......	2	50
Pour la Belgique, la Suisse...	3	»
Pour la Hollande, Londres, l'Espagne et l'Italie...............	4	»
Pour le Portugal............	5	»
Pour le royaume de Grande-Bretagne et d'Irlande (Londres excepté) et l'Autriche-Hongrie..	6	»
Pour le Danemark (voie de Prusse).................	6	50
Pour la Suède...............	8	»
Pour la Norwége............	8	50
Pour la Grèce et la Turquie d'Europe.................	10	»
Pour la Russie d'Europe......	11	»
Pour la Russie d'Asie et la Turquie d'Asie (1re région)........	14	»
Pour la Turquie d'Asie (2e région).................	18	»
Pour la Perse...............	29	50
Pour Alexandrie d'Egypte....	34	»
Pour le Caire...............	39	»
Pour l'isthme de Suez........	42	50

Ces prix, fixés pour vingt mots, doivent

être augmentés de la moitié de leur importance par chaque dizaine ou fraction de dizaine de mots en plus.

Allemagne. — Une convention avec l'Allemagne, rendue exécutoire par décret du 22 décembre 1877, fixe à vingt centimes (0 fr. 20) par mot la taxe des télégrammes ordinaires échangés avec cette puissance.

Port. — Le port des dépêches télégraphiques à domicile, lorsque le destinataire habite le même lieu que le bureau qui la reçoit, ou à la poste dans le cas contraire, est gratuit. Il y a 50 centimes à payer si la dépêche doit être chargée, ce qu'il faut indiquer, et 50 centimes par kilomètre si l'envoyeur désire qu'elle soit portée à domicile par exprès, quand le destinataire n'habite pas le lieu d'arrivée. Suivant le cas, on indique sur la dépêche le mode de transport qu'on a choisi, par ces mots : *poste, chargement*, ou par ceux-ci : *avec exprès*.

POLICE.

La Préfecture de Police est installée boulevard du Palais, 7, en face de l'entrée principale du Palais de Justice. Dans les divers quartiers de Paris, on rencontre en outre les bureaux des commissaires de police attachés à ces quartiers, ainsi que des postes de gardiens de la paix, indiqués aux passants, les uns et les autres, à l'aide de lanternes rouges. Enfin, des gardiens de la paix, reconnaissables à leur uniforme, bien que le képi ait remplacé le tricorne de l'Empire et la tunique l'habit de ce temps-là, arpentent jour et nuit, par deux la nuit, l'asphalte des trottoirs.

Réclamations. — Pour les réclamations contre des propriétaires d'hôtels, cafés, restaurants, bals, etc., commissionnaires, cochers et conducteurs de voitures publiques, d'omnibus, de tramways, etc., on s'adresse au Préfet de police directement. Pour le personnel des omnibus, un registre spécial des réclamations est déposé dans chaque bureau-station expressément pour recevoir ces sortes de plaintes; de même qu'en ce qui concerne les cochers de place, on peut les adresser au surveillant de la station, qui est maintenant un gardien de la paix comme les autres, chargé seulement d'un service spécial.

Objets perdus ou trouvés. — Les objets trouvés étant déposés à la Préfecture de police, — quand ils le sont, — c'est à la Préfecture de police que la personne qui les a perdus doit s'adresser pour les recouvrer. Quelques jours après avoir écrit on reçoit la réponse, qui est ou affirmative ou négative, suivant le cas, mais qui tire d'incertitude de manière ou d'autre. Si, au contraire, vous avez trouvé un objet de valeur, remettez-le au commissaire de police du quartier, en lui donnant vos nom, prénoms, adresse et qualités, de manière à ce que, l'objet n'ayant pas été réclamé par son légitime propriétaire au bout d'un an et un jour de délai, on puisse vous le remettre sans difficulté. Quand l'objet en vaut la peine, c'est un conseil bon à suivre : on n'imagine pas ce qu'il y a d'objets perdus non réclamés constamment en dépôt à la Préfecture de police. Au bout du délai indiqué, vous vous informez au bureau des objets perdus et, si le propriétaire de celui que vous y avez déposé un an auparavant ne s'est pas fait connaître, on vous le remet aussitôt que vous avez justifié de votre identité. — Un objet trouvé dont la valeur n'est que relative, ou qu'on ne tient pas à pouvoir récupérer, est ordinairement remis de la main à la main au premier gardien de la paix que l'on rencontre.

CRIMES ET DÉLITS. — Si l'on a été victime ou témoin d'un vol, d'une provocation brutale, d'un guet-apens, d'une tentative d'assassinat, en un mot d'un délit ou d'un crime quelconque, il est bon d'en appeler aux gardiens de la paix, mais il faut toujours en venir, pour en obtenir satisfaction ou répression, à une plainte verbale ou écrite adressée au commissaire de police dans le plus court délai possible.

MINISTÈRES.

Justice et Présidence du Conseil des ministres. — Place Vendôme, 13; à Versailles, cour du Château.

Intérieur. — Place Beauvau, et à Versailles.

Finances. — Rue de Rivoli, au Louvre.

Guerre. — Boulevard Saint-Germain, 231; à Versailles, avenue de Paris. — Le *Dépôt de la Guerre* se trouve à Paris, rue Saint-Dominique, 84; le *Dépôt central d'Artillerie*, place Saint-Thomas-d'Aquin, 1; le *Dépôt central du Génie*, rue de l'Université, 94.

Marine et Colonies. — Rue Royale et place de la Concorde. — *Dépôt de la Marine*, rue de l'Université, 13.

Instruction publique, Cultes et Beaux-Arts. — Rue Grenelle-Saint-Germain, 110.

Agriculture et Commerce. — Rue de Varennes, 78; bureaux, rue Saint-Dominique-Saint-Germain, 60 (boulevard Saint-Germain).

Travaux Publics. — Rue Saint-Dominique-St-Germain, 60, 62, 64 (boulevard St-Germain).

Nota. — On obtient audience des ministres en leur adressant une demande écrite, motivée; la réponse fait connaître le jour et l'heure de l'audience, si toutefois elle est accordée.

ADMINISTRATIONS PUBLIQUES.

Assistance publique. — Place de l'Hôtel-de-Ville; entrée, avenue Victoria, 3, et quai de Gesvres, 4.

Postes. — Rue Jean-Jacques Rousseau, 55.

Télégraphes. — Rue de Grenelle-Saint-Germain, 103.

Banque de France. — Rue Croix-des-Petits-Champs et rue de la Vrillière (tout le côté impair de cette dernière rue).

Enregistrement, Domaines, Timbre (ateliers et bureaux). — Rue de la Banque, 9 et 11.

Cour des Comptes. — Aux Tuileries, pavillon de Marsan, rue de Rivoli.

Contributions directes et indirectes, Douanes, Eaux et Forêts, Enregistrement et Domaines, et Tabacs (direction générale). — Au Louvre.

Octroi. — Place de l'Hôtel-de-Ville, 2.

Mont-de-Piété. — Rue des Francs-Bourgeois, 55.

Préfecture de la Seine, Conseil municipal de la ville de Paris et Conseil général de la Seine. — Palais du Luxembourg.

Préfecture de police. — Boulevard du Palais, 7.

Pompes funèbres. — Rue d'Aubervilliers, 104.

Grande chancellerie de la Légion d'honneur. — Rue de Lille, 64.

GRANDS ÉTABLISSEMENTS FINANCIERS.

Comptoir national d'escompte. — Rue Bergère, 14.

Caisse des dépôts et consignations et Caisse d'amortissement. — Rue de Lille, 56.

Caisse d'épargne. — Rue Coq-Héron, 9.

Caisse des dépôts et comptes courants. — Angle de la rue du Quatre-Septembre et de l'avenue de l'Opéra.

Crédit foncier. — Rue Neuve-des-Capucines, 19.

Crédit mobilier. — Place Vendôme, 15.

Crédit Lyonnais. — Angle du boulevard des Italiens et de la rue de Choiseul.

CONSEILS, COURS ET TRIBUNAUX.

Conseil d'État. — Tribunal des conflits, appels comme d'abus, affaires contentieuses et

Le Jardin des Tuileries.

administratives, etc. Séances non publiques, sauf celles de la section du contentieux, — au Palais-Royal.

Cour des comptes. — Surveillance et vérification des comptes de l'administration, rue de Rivoli, pavillon de Marsan; grand'chambre au Palais-Royal.

Cour de cassation. — Pourvois contre les arrêts d'appel, Haute Cour. — Palais de Justice.

Cour d'appel. — Chambre des mises en accusation, Chambre des appels correctionnels, cinq Chambres civiles.— Au Palais de Justice.

Tribunal de première instance. — Douze Chambres : affaires civiles, affaires correctionnelles et appels de simple police ; expropriations. — Palais de Justice.

Tribunal de simple police. — Contraventions aux arrêtés de police.—Palais de Justice.

Justices de Paix. — Siége à chacune des vingt mairies.

Tribunal de Commerce et Conseil des Prud'hommes. — Au palais du Tribunal de

Commerce, quai de la Cité, boulevard du Palais et rue du Marché-aux-Fleurs.

Conseils de guerre et Conseil de révision. — Rue du Cherche-Midi, angle de la rue du Regard (ancien hôtel de Toulouse), siégent les deux Conseils de guerre de la division, ainsi que le Conseil de révision de la Seine.

EXPLORATION SOMMAIRE DANS PARIS.

Boulevards, Avenues, Rues, Passages et Cités.

Boulevards et avenues. — De l'Arc de Triomphe de l'Etoile, douze boulevards et avenues divergent dans tous les sens; prenons l'avenue qui lui fait face, c'est-à-dire l'avenue des Champs-Elysées, elle nous conduira dans le centre de la grande cité, ou plus exactement, elle nous la fera traverser de part en part, par de larges voies continues qui ne nous laisseront que l'embarras de choisir. A l'autre extrémité de cette brillante avenue se trouve la place de la Concorde; à droite de la place le pont du même nom; au bout de ce pont, à l'angle du quai et de la rue de Bourgogne, s'ouvre le *boulevard Saint-Germain* qui, après avoir traversé tous ces quartiers populeux et inconnus de la rive gauche, aboutit au quai Saint-Bernard, près de la Halle aux vins et du Jardin des Plantes; le pont Saint-Germain se relie directement au *boulevard Henri IV*, lequel s'arrête à la place de la Bastille. — Mais ce n'est pas, à beaucoup près, le chemin le plus brillant et le plus animé pour aller voir la colonne de Juillet. Sans parler de la rue de Rivoli, qui est le plus direct, il y a celui des anciens boulevards, qui sont toujours les plus riches et les plus gais. De la place de la Concorde, la rue Royale, à gauche, au bout de laquelle on voit s'élever l'église de la Madeleine, y conduit par le plus court. On laisse à gauche le *boulevard Malesherbes* et l'on prend celui de la Madeleine, puis l'on va tout droit, autant que le permet le tracé de cette voie : au *boulevard de la Madeleine* succède le *boulevard des Capucines* (Grand Hôtel, l'Opéra, théâtre du Vaudeville, à gauche; avenue de l'Opéra, rues de la Paix et du Quatre-Septembre, à droite). Viennent ensuite : le *boulevard des Italiens* (à gauche, passage de l'Opéra; à droite, hôtel du Crédit Lyonnais, passage des Princes); le *boulevard Montmartre* (à gauche, passage Jouffroy, bazar Européen; à droite, passage des Panoramas, théâtre des Variétés); le *boulevard Poissonnière* (à gauche, la maison de bronzes d'art Barbedienne; à droite, bazar de l'Industrie); le *boulevard Bonne-Nouvelle* (à gauche, le théâtre du Gymnase, la Ménagère); le *boulevard Saint-Denis* (à gauche, porte Saint-Denis, *boulevard de Strasbourg* allant à la gare de l'Est; à droite, *boulevard de Sébastopol* jusqu'à la Seine, prolongé dans la Cité par le *boulevard du Palais* et sur la rive gauche par le *boulevard Saint-Michel*); le *boulevard Saint-Martin* (à gauche, porte Saint-Martin, théâtres de la Renaissance, de la Porte-Saint-Martin, des Folies-Dramatiques et de l'Ambigu, le Château-d'Eau, le *boulevard Magenta* se dirigeant vers Montmartre où il prend le nom de *boulevard Ornano*); le *boulevard du Temple* (à gauche, *boulevard Voltaire, boulevard des Amandiers;* à droite, Troisième Théâtre-Français, passage Vendôme); le *boulevard des Filles-du-Calvaire* (le Cirque d'hiver, à gauche); le *boulevard Beaumarchais*, qui se termine sur la place de la Bastille (théâtre Beaumarchais, à droite; *boulevard Richard-Lenoir* à gauche, angle de la place); au delà de la place de la Bastille, à droite, longeant le canal, le *boulevard Bourdon*, où se trouve le bal public du même nom et où se trouvaient les Greniers d'abondance, incendiés par la Commune.

Les autres grandes voies conduisant vers Paris, de l'Arc de Triomphe de l'Etoile, notre point de départ, sont, à droite : *l'avenue de Belfort*, aboutissant au pont de l'Alma ; *l'avenue d'Iéna*, au sud du Trocadéro ; *l'avenue du Trocadéro*, à l'ouest de la même place, avenues qui ont reçu des modifications importantes dans leurs extrémités intérieures, des travaux nécessités par l'Exposition universelle de 1878, vers laquelle, comme on voit, elles se dirigent. A gauche, nous avons : *l'avenue Mac-Mahon* (ou *Niel*), conduisant à la place Péreire (gare de Courcelles, ch. de fer de l'Ouest); *l'avenue de Wagram*, place Wagram ; *l'avenue de Zurich* ou *boulevard Monceaux*, ci-devant de la Reine-Hortense, au parc Monceaux ; *l'avenue de Friedland*, au faubourg Saint-Honoré. Viennent ensuite : le *boulevard Haussmann*, de la précédente avenue à la rue Taitbout, en attendant son prolongement jusqu'au faubourg Montmartre ; *l'avenue de l'Alma*, de celle des Champs-Elysées au pont de l'Alma ; le *boulevard Péreire*, qui borde des deux côtés la voie ferrée depuis la station de la porte Maillot jusqu'à celle des Batignolles.— Citons encore, sur la rive gauche de la Seine : *le boulevard des Invalides*, de l'Esplanade au boulevard Montparnasse (à droite, l'hôtel des Invalides, les *avenues de Tourville* et *de Villars* (le puits artésien de Grenelle, l'Institution des Jeunes aveugles; à gauche, le Couvent des Oiseaux). Le *boulevard Montparnasse*, de la rue de Sèvres à l'avenue de l'Observatoire (à gauche, la rue de Rennes, le jardin du Luxembourg; à droite, gare de l'Ouest (rive gauche), *avenue du Maine*, *avenue d'Enfer*); le *boulevard de Montrouge* (à droite, cimetière Montparnasse); le *boulevard de Port-Royal*, du carrefour de l'Observatoire à la rue Mouffetard; le *boulevard Arago*, de la place d'Enfer à la rue Mouffetard; etc. — Une multitude d'autres boulevards entourent Paris d'un double cercle : ce sont les anciens chemins de ronde des barrières abattues en 1860 et la route militaire qui longe à l'intérieur l'enceinte continue des fortifications. — Nous pouvons citer enfin l'*avenue Victoria*, de la place du Châtelet à l'Hôtel de Ville, bornée au nord, sur près de moitié de son parcours, par le square Saint-Jacques.

Rues. — Il est peu de rues importantes que nous n'ayons rencontrées dans notre promenade de tout à l'heure; nous pouvons toujours signaler encore la *rue des Pyramides*, prolongée d'un bout jusqu'à l'avenue de l'Opéra, de l'autre jusqu'à la Seine, à travers le jardin des Tuileries; la *rue de Richelieu*, du boulevard des Italiens à la place du Théâtre-Français (Bibliothèque nationale, à gauche; square Louvois, fontaine Molière, à droite); la *rue Vivienne*, du boulevard Montmartre au Palais-Royal (à gauche, la Bourse, passages Vivienne et Colbert); la *rue de la Chaussée-d'Antin*, du boulevard des Italiens à la rue Saint-Lazare (à gauche, le théâtre du Vaudeville, l'Opéra; au bout, l'église de la Trinité); la *rue de Castiglione*, de la place Vendôme à la rue de Rivoli (en face, jardin des Tuileries; à droite, fontaine des Capucines); la *rue Lafayette*, de la rue de la Chaussée-d'Antin au boulevard de La Villette; la *rue Turbigo*, du boulevard du Temple à la Pointe-Saint-Eustache; la *rue de Maubeuge*, du faubourg Montmartre au boulevard Magenta; la *rue de Rennes*, du boulevard Montparnasse à la place Saint-Germain-des-Prés, etc.

Passages. — Quant aux passages, il nous en reste peu à mentionner parmi les principaux. Ce sont : le *passage Choiseul*, de la rue Neuve-Saint-Augustin à la rue Neuve-des-Petits-Champs (Bouffes-Parisiens, Théâtre-Italien); le *passage du Caire*, de la place du Caire à la rue Saint-Denis (nombreux lithographes); le *passage du Ponceau*, presque en face du précédent, de la rue Saint-Denis au boulevard Sébastopol (vis-à-vis, les Arts et Métiers); le *passage de l'Ancre*, de la rue de Turbigo (près le boulevard Sébastopol) à la rue Saint-Martin; le *passage Bourg-l'Abbé*, de la rue Palestro à la rue Saint-Denis ; le *passage du Grand-Cerf*, de la rue Saint-Denis à la rue des Deux-Portes-Saint-Sauveur; le *passage du Saumon*, de la rue Montorgueil à la rue Montmartre; le *passage Molière*, de la rue Saint-Martin à la rue Quincampoix; le *passage Verdeau*, du faubourg Montmartre à la rue Grange-Batelière, continué de l'autre côté de cette rue jusqu'au boulevard, par le *passage Jouffroy ;* le *passage Vero-Dodat*, de la rue Croix-des-Petits-Champs à la rue Jean-Jacques-Rousseau : *cour des Messageries*, en face ; le *passage Radziwill*, de la rue du même nom à la rue de Valois (Palais-Royal) ; le *passage Delorme*, de la rue Saint-Honoré à la rue de Rivoli; le *passage du Havre*, de la rue Saint-Lazare, près la place du Havre, à la rue Caumartin, près le lycée Fontanes; le *passage du Pont-Neuf*, de la rue de Seine à la rue Mazarine, vis-à-vis de la rue Guénégaud, aboutissant au pont Neuf; le *passage du Commerce*, de la rue Saint-André-des-Arts au boulevard Saint-Germain.

Cités. — Les Cités sont proprement des passages non couverts, fermés de grilles aux extrémités, La cité la plus tranquille de Paris, quoique à deux pas du quartier le plus bruyant, est certainement la *cité Trévise,* qui relie la rue Richer à la rue Bleue (fontaine entourée d'un parterre, au milieu). On cite encore la *cité Bergère,* de la rue Bergère au faubourg Montmartre ; la *cité Malesherbes,* de la rue de Laval à la rue des Martyrs ; la *cité des Fleurs,* avenue de Clichy et rue Marcadet, à Batignolles (maisonnettes entourées de jardinets); la *cité des Ternes,* avenue des Ternes et rue de Villiers ; la *cité Vindé,* boulevard de la Madeleine ; la *cité d'Antin,* de la rue de Provence à la rue Lafayette, etc.

Les Quais et les Ponts.

Nous allons passer en revue, maintenant, les quais de la Seine et les ponts qui les mettent en rapport les uns avec les autres; nous ferons cela en nous plaçant au point le plus en amont du fleuve pour nous laisser aller de là au fil de l'eau comme un canot désemparé. Ce point se trouve entre la porte de Bercy et celle de la Gare, où prennent naissance le *quai de Bercy,* sur la rive gauche, et le *quai de la Gare,* sur la rive droite, lesquels sont reliés dès leur naissance par le *pont National;* suivent les quais d'*Austerlitz* (g.) et *de la Râpée* (dr.), reliés par le *pont de Bercy* au commencement et par le *pont d'Austerlitz* à la fin ; le *quai Saint-Bernard* (g.), le *quai Henri IV* (dr.), de ce dernier pont au nouveau *pont Saint-Germain ;* le *quai de la Tournelle* (g.) qui continue jusqu'au *pont de l'Archevêché*, sans égard pour le pont Marie qu'il rencontre, le *quai des Célestins* (dr.), du pont Saint-Germain au *pont Marie.* — Notons que le pont Saint-Germain, en reliant le quai Saint-Bernard au quai Henri IV, ou mieux les boulevards Saint-Germain et Henri IV, unit les deux rives à la pointe est de l'île Saint-Louis ; que le *pont de la Tournelle*, entre les ponts Saint-Germain et de l'Archevêché, aboutit, dans l'île, entre les *quais d'Orléans* et *de Béthune*, tandis que sur la rive droite, l'extrémité insulaire des ponts *Marie* et *Louis-Philippe*, repose sur les *quais d'Anjou* et *Bourbon.* — Le *pont Saint-Louis* réunit l'île Saint-Louis par son extrémité occidentale, à l'île de la Cité, derrière Notre-Dame, où il rencontre le pont de l'Archevêché. C'est près de l'entrée du pont Saint-Louis, *quai de l'Archevêché*, sur le sol de la Cité, qu'est érigée la Morgue (ouverte au public du matin au soir sans exception de jours).

La Cité est bordée, à gauche, par les *quais de l'Archevêché, du Marché-Neuf et des Orfévres*, et à droite, par les *quais Desaix* (anc. Napoléon), *de la Cité et de l'Horloge* (familièrement *des Morfondus*), et elle est reliée au continent parisien : sur la rive gauche, par le *pont au Double*, le *Petit-Pont* et le *pont Saint-Michel*, donnant accès aux quais *Montebello, Saint-Michel* et à celui *des Augustins*, qui se termine au Pont-Neuf ; sur la rive droite, par le *pont d'Arcole* le *pont Notre-Dame* et le *pont au Change*, communiquant avec le *quai de l'Hôtel-de-Ville*, le *quai de Gèvres* et le *quai de la Mégisserie*, qui s'arrête au Pont-Neuf également.

Nous n'avons plus qu'à descendre vers la mer avec le courant, ayant à gauche : le *quai Conti*, du Pont-Neuf au *pont des Arts*; le *quai Malaquais*, de ce dernier au *pont des Saints-Pères* ou *du Carrousel*; le *quai Voltaire*, qui s'arrête au *pont Royal*; à droite, le *quai du Louvre*, qui s'étend du Pont-Neuf au pont Royal. A gauche, nous avons de nouveau : le *quai d'Orsay*, qui s'étend jusqu'à l'avenue de Suffren, de l'autre côté du Champ de Mars et passe devant le *pont de Solferino*, le *pont de la Concorde*, le *pont des Invalides*, le *pont de l'Alma* et le *pont d'Iéna*; en face se succèdent : le *quai des Tuileries*, le *quai de la Conférence* et le *quai de Billy*, qui s'arrête au pont d'Iéna : — ce pont se trouvant englobé dans les constructions de l'Exposition universelle de 1878, une *passerelle* a été jetée sur la Seine, un peu en aval, pour faciliter les communications entre les quartiers de Passy et de Grenelle. — Après le pont d'Iéna, il ne reste plus que le *pont de Grenelle* et le *pont d'Auteuil* ou du *Point du Jour*, servant en même temps aux piétons, aux voitures ordinaires et au chemin de fer de ceinture; la Seine est bordée : sur la rive gauche, par les *quais de Grenelle* et *de Javel;* sur la rive droite, par ceux *de Passy* et *d'Auteuil.* — Le reste n'appartient plus à Paris.

Le CANAL SAINT-MARTIN, de la Bastille à la rue Rampon (boulevard Voltaire), est entièrement couvert par le boulevard Richard-Lenoir, semé de parterres et dans le sol duquel s'ouvrent de larges regards çà et là. De ce boulevard à celui de La Villette, le canal est bordé par le *quai Valmy* à gauche, et le *quai Jemmapes* à droite.

Places, Colonnes, Fontaines, Statues, Arcs de triomphe.

BASTILLE (pl. de la) et COLONNE DE JUILLET. — Au milieu de cette place, qui occupe l'emplacement de la trop célèbre prison d'État, s'élève la *colonne de Juillet*, d'une hauteur de 47 mètres, reposant sur trois soubassements de marbre, dont un carré, orné de vingt-quatre médaillons en bronze. Sur le fût sont inscrits les noms des 615 combattants de juillet 1830 inhumés dans les caveaux. Un escalier intérieur conduit au tambour qui soutient le chapiteau et sur lequel s'élève la statue en bronze doré du *Génie de la Liberté*. Les médaillons sont de Marbœuf, la statue de M. Dumont, les dessins généraux de la colonne de MM. Alavoine et Duc. La première pierre en fut posée par Louis-Philippe, le 28 juillet 1831 ; l'inauguration eut lieu en 1840. — Sur cette place, le premier Consul avait projeté l'érection d'une fontaine sous la forme d'un éléphant colossal, dont le modèle en plâtre, amplement chansonné, se voyait encore en 1846. — Fort endommagée par l'artillerie, dans la bataille des rues de mai 1871, la colonne de Juillet a été réparée depuis. On peut monter au tambour et visiter les caveaux de dix heures à quatre heures ; s'adresser au gardien. — La gare du chemin de fer de Vincennes est située sur cette place.

BOURSE (pl. de la). — Voir PALAIS DE LA BOURSE.

Carrousel (pl. du). — Bornée au nord, au sud et à l'est par les constructions du nouveau Louvre, et à l'ouest par la grille de la cour des Tuileries. Devant l'entrée de cette grille s'élève l'*Arc de Triomphe*, érigé en 1806, sur les dessins de Percier et Fontaine, d'après le modèle de celui de Septime Sévère, à Rome. Il est surmonté d'un groupe en bronze représentant un char traîné par quatre chevaux et conduit par une femme, image allégorique du char de l'État conduit par la Restauration, laquelle ne devait plus le conduire longtemps : ce groupe, qui est de Bosio, date de 1828. — Cette place tire son nom du *carrousel* qu'y donna Louis XIV en 1662.

Clichy (pl. de). — En face de l'ancienne barrière de Clichy, à l'extrémité nord de la rue du même nom. Groupe du *général Moncey* défendant la barrière de Clichy contre les alliés, en 1814, par M. Doublemard.

Chatelet (pl. du) et Fontaine de la Victoire. — La place du Châtelet occupe à peu près l'emplacement de la prison du même nom, à la tête du pont au Change. A l'ouest s'élève le théâtre du Châtelet, à l'est le Théâtre-Historique, au milieu la *fontaine de la Victoire*, dite *fontaine du Palmier*, parce que le fût présente la forme

La Place de la Concorde.

d'un palmier dont les rameaux vont décorer le chapiteau. Des anneaux de bronze doré, bordés de tresses de laurier, divisent ce fût. Piédestal décoré de sphinx qui jettent de l'eau par les narines dans un large bassin circulaire; statues représentant *la Force, la Loi, la Vigilance* et *la Prudence;* au-dessus du chapiteau, sur une demi-sphère, statue de *la Victoire,* tenant une couronne de chaque main.

Château-d'Eau (pl. du). — Point de rencontre des boulevards du Temple, Saint-Martin, des Amandiers, Voltaire, Magenta et des rues du Temple et du Faubourg-du-Temple. Elle doit son nom au *château d'eau,* belle fontaine transférée aujourd'hui dans la cour du Marché aux Bestiaux, et remplacée après tout par une plus belle et plus monumentale encore : deux vasques superposées au milieu d'un large bassin entouré de huit lions en bronze.

Concorde (pl. de la), Fontaines, Obélisque. —Ci-devant place Louis XV et place de la Révolution; entre les Champs-Élysées et le jardin des Tuileries, la Seine, la rue de Rivoli et la rue Royale. Elle est entourée de colonnes rostrales et de huit statues colossales assises, personnifiant *Lyon, Marseille, Bordeaux, Nantes, Rouen, Brest, Lille* et *Stras-*

bourg. Cette dernière, œuvre de Pradier, fut, pendant le siége de Paris et celui de Strasbourg, l'objet de manifestations patriotiques touchantes. Deux fontaines jaillissantes en bronze, décorées de tritons et de néréides. Au centre, le monolithe de granit rose dérobé aux ruines de Thèbes, connu sous le nom d'*Obélisque de Louqsor*, posé sur un piédestal en granit de Bretagne. Ce monolithe, érigé sur la place de la Concorde, en 1836, mesure environ 27 mètres de hauteur avec le piédestal. — C'est à Champollion que nous devons la possession de l'obélisque et à Ph. Lebas son érection.

Europe (pl. de l'). — Cette place repose dans sa partie centrale sur le plancher d'un pont métallique gigantesque sous lequel passent les trains du chemin de fer de l'Ouest et dont la construction est due à M. Jullien. Elle est située derrière la gare Saint-Lazare.

Hotel de Ville (pl. de l'). — Ci-devant place de Grève. Lieu privilégié des fêtes publiques, exécutions et manifestations politiques, dont la dernière, en mai 1871, eut pour épilogue l'incendie de l'Hôtel de Ville. La première exécution qui y eut lieu, par contre, fut celle de Marguerite Parette, brûlée comme hérétique, en 1310 : beaucoup d'autres devaient suivre.

Louvois (pl.). — Rue de Richelieu, en face de la Bibliothèque nationale. Au milieu existe un *square* entouré d'une grille et orné d'une fontaine avec statues allégoriques. Piédestal, vasque et statues sont en bronze.

Notre-Dame (pl. de) et Fontaine de l'Archevêché. — Cette place occupe, derrière Notre-Dame, le terrain de l'ancien archevêché. Elle est plantée d'arbres et entourée d'une grille. Au centre s'élève une fontaine élégante : une statue de la *Vierge* est posée sur un socle à trois pans surmonté d'un clocheton gothique supporté par trois colonnes auxquelles des anges s'appuient, foulant aux pieds des monstres dont les gueules vomissent l'eau qui retombe dans deux bassins superposés, à six pans.

Palais Bourbon (pl. du). — Au sud de l'ancien palais du Corps Législatif. Statue de *la Loi*, élevée en 1855 sur un piédestal précédemment destiné à recevoir la statue de l'auteur de la Charte, Louis XVIII.

Panthéon (pl. du). — Autour du *Panthéon* (église Sainte-Geneviève), entre la mairie du V⁰ arrondissement, la Bibliothèque Sainte-

Geneviève, l'église Saint-Etienne-du-Mont et la Faculté de droit.

Pont-Saint-Michel (pl. du) et Fontaine Saint-Michel. — Fontaine monumentale, trois vasques superposées, surmontées d'un rocher artificiel portant un groupe en bronze : *Saint Michel terrassant le démon*, par Duret (1860); chimères, statues allégoriques portées sur des colonnes de marbre.

Royale (pl.). — Voyez Place des Vosges.

Saint-Georges (pl.). — Au point de jonction des rues Saint-Georges, Fontaine et Notre-Dame de Lorette. Fontaine jaillissante au milieu. Hôtel Thiers au nord-ouest de la place.

Saint-Sulpice (pl.). — Entre l'église du même nom et la mairie du VIe arrondissement. Fontaine monumentale composée de trois bassins hexagones superposés ; du centre s'élève une pyramide quadrangulaire couronnée d'un dôme ; statues assises de *Bossuet, Fénelon, Massillon* et *Fléchier*. Ce monument, terminé en 1847, a été exécuté sur les dessins de Visconti.

Théatre-Français (pl. du). — En face du Théâtre et contiguë à la place du Palais-

Royal (sans caractère), elle est reliée à la place de l'Opéra par l'avenue du même nom. Deux fontaines en bronze, exécutées sur les dessins de M. Davioud : bassin, vasque, pilastre supportant une statue. L'une de ces statues est de M. Carrier-Belleuse, l'autre de M. Moreau.

Trocadéro (pl. du), ci-devant place du Roi-de-Rome. — Voyez Exposition de 1878. *Palais des fêtes.*

Trône (pl. du). — Cette place à laquelle aboutissent treize boulevards, n'est remarquable que par deux *colonnes*, placées à l'entrée du faubourg Saint-Antoine et supportant les statues de saint Louis et de Philippe-Auguste. On a toutefois construit au centre un vaste bassin avec fontaine jaillissante.

Vendôme (place et colonne). — Entourée de maisons d'un caractère uniforme, dues au crayon de Mansart, et qui étaient destinées à abriter la Bibliothèque et l'Imprimerie royales, les Académies, la Monnaie et l'Hôtel des Ambassadeurs. Au centre, *colonne*, imitation de la colonne Trajane, dans des proportions plus fortes d'un douzième; elle fut exécutée sous la direction de Denon, Gondouin et Lepère et inaugurée le 15 août 1810. Les 276 plaques de bronze retraçant, d'après les dessins de Bergeret, les hauts faits de l'armée française dans la campagne de 1805, sont le produit de 1,200 canons ennemis ; aussi Napoléon avait-il donné à la colonne le nom de colonne d'Austerlitz ou de la Grande Armée. Ces plaques, d'une hauteur d'environ un mètre, enveloppent le fût en pierre de la colonne sur lequel elles sont boulonnées, d'une spirale gigantesque. — On sait que c'est en procédant au *déboulonnage* de ces plaques que les agents de la Commune parvinrent à abattre la colonne. — Elle a été réédifiée en 1875, et, après bien des hésitations, le *Napoléon* en empereur romain, de M. Dumont, a été replacé au sommet. — Escalier intérieur de 176 marches conduisant à la galerie qui règne au-dessus du chapiteau. — S'adresser au gardien.

Victoires (pl. des). — Commencée en 1685. Au centre, statue équestre de *Louis XIV*, en empereur romain, coiffé d'une perruque, par Bosio.

Vosges (pl. des). — Ci-devant *place Royale*. Elle est entourée de maisons en briques rouges qui datent de Henri IV et de Louis XIII. Le centre est occupé par une promenade plantée de tilleuls et de marronniers, ayant quatre fontaines jaillissantes aux angles, et au milieu une statue équestre de *Louis XIII*, en marbre, par Cortot et Dupaty, érigée en 1829, pour remplacer celle de bronze élevée au même lieu en 1639 et descendue en 1792. Louis XIII est habillé à la romaine, comme de raison. — Galeries couvertes par la saillie des étages supérieurs des maisons, autour de la place.

Champ de Mars. — Voyez Exposition de 1878. *Palais du Champ de Mars.*

Arcs de Triomphe, Statues et Fontaines isolés.

Arc de Triomphe de l'Étoile. — L'Arc de triomphe de l'Étoile s'élève sur la place du même nom, point de rencontre aujourd'hui de douze grandes voies ou boulevards, entourée d'hôtels magnifiques et d'un dessin uniforme. La première pierre de l'Arc de triomphe fut posée le 15 août 1806, sans aucune des cérémonies en usage en pareille circonstance. Les premiers travaux furent dirigés par Chalgrin qui, mort en 1811, fut remplacé par Goust, lequel conduisit ces travaux de la corniche du piédestal à la hauteur de l'imposte du grand arc. Suspendus en 1814, ils furent repris en

1823, sous la même direction. En 1828, le monument élevé jusqu'à la première assise de l'entablement, ce fut Huyot qui en prit la direction; et, en 1832, Blouet fut chargé de terminer ces travaux, en train depuis 1806. — Cet arc de triomphe est le plus grand qui existe. Il a 50 mètres de hauteur sur 46 mètres de largeur, et 23 mètres d'épaisseur. Le grand arc a 30 mètres de hauteur sur 8 mètres et demi de largeur. Les fondations sont enfouies à une profondeur de 18 mètres et demi, sur 56 ....res de longueur et 28 mètres de largeur. — Les quatre pieds de l'Arc de triomphe sont ornés de magnifiques trophées. Ce sont, à droite, faisant face aux Tuileries : le *Départ de* 1792, par Rude ; à gauche, le *Triomphe de* 1810, par Cortot. Sur le côté qui fait face au pont de Neuilly : à droite, la *Résistance contre les envahisseurs de la patrie*, par M. Etex ; à gauche, la *Paix*, par le même ; dans les quatre tympans on voit quatre Renommées par Pradier. Entre l'imposte du grand arc et l'entablement se voient quatre bas-reliefs représentant : celui de droite (côté est), les *Funérailles de Marceau*, par Lemaire ; celui de gauche, la *Bataille d'Aboukir*, par Seurre. Le bas-relief de droite (côté ouest) représente le *Passage du pont d'Arcole*, par Feuchère ;

celui de gauche, la *Prise d'Alexandrie*, par Chaponnières ; du côté du midi, la *Bataille d'Austerlitz*, de Gechter ; au nord, la *Bataille de Jemmapes*, par Marochetti. Sur la frise du grand entablement, du côté de l'ouest, le *Retour des armées*. — L'attique et la voûte du grand arc portent les noms des principales batailles de la République et de l'Empire. Les massifs des arcades latérales portent les noms de 384 généraux. — Dans l'intérieur du monument, vastes salles et escaliers conduisant à la plate-forme. (S'adresser au gardien.)

L'Arc de triomphe a beaucoup souffert, de avril à mai 1871, des projectiles lancés sur Paris par les troupes régulières, ce qui a nécessité des réparations coûteuses.

PORTE SAINT-DENIS. — Arc de triomphe élevé en 1672 par Blondel, pour perpétuer le souvenir des conquêtes de Louis XIV en Allemagne. Trophées militaires sur les façades. Bas-reliefs : le *Passage du Rhin à Tholey*, du côté du boulevard, et la *Prise de Maëstricht*, du côté du faubourg Saint-Denis ; sur la frise l'inscription *Ludovico Magno*. — Dessins de Girardon, sculptures de François et Michel Anguire.

PORTE SAINT-MARTIN. — Erigée en 1674 par

P. Bullet, élève de Blondel et qui avait travaillé avec lui à la Porte-Saint-Denis. Bas-reliefs : du côté du boulevard, la *Prise de Besançon* et la *Triple alliance*, par Dujardin et Gaspard Marsy ; du côté du faubourg, la *Prise de Limbourg* et la *Défaite des Allemands*, par Le Hongre et Pierre Legros. Grand entablement surmonté d'un attique, orné d'attributs militaires ; au milieu, le *Soleil*, emblème du *roi-soleil* ; sur l'attique cette inscription :

*Ludovico Magno, Vesontione Sequanisque
bis captis et fractis
Germanorum, Hispanorum, Batavorumque
exercitibus
Praef. et Aedile P. C. C. anno 1674.*

Statue équestre de Henri IV. — Sur le terre-plein du Pont-Neuf, œuvre de Lemot. Piédestal en marbre, orné de bas-reliefs en bronze : *Entrée d'Henri IV à Paris* et *Henri IV faisant passer du pain aux assiégés.*

Statue du maréchal Ney, en bronze. — Œuvre de Rude et de Eck et Durand, érigée en 1853, au carrefour de l'Observatoire, sur le lieu même où Ney fut fusillé en décembre 1815.

Vils soldats de plomb que nous sommes!...

Statue équestre de Jeanne d'Arc, en bronze. — Cheval de brasseur monté par une fillette de quinze ans portant l'oriflamme et couronnée de laurier, érigée en 1874 sur la ci-devant place des Pyramides, rue de Rivoli. Œuvre de M. Frémiet, qui aurait pu faire beaucoup mieux.

Statue de Voltaire, reproduction en bronze de la statue de Houdon, propriété du Théâtre-Français. — Un peu errante, cette belle œuvre se trouve aujourd'hui au square Monge, rue du même nom.

Fontaine des Capucines. — Angle des rues Saint-Honoré et Castiglione, qui occupent en cet endroit le terrain des couvents des Feuillants, des Capucins et des Capucines. Érigée en 1671, reconstruite en 1718. Inscription latine de Santeuil.

Fontaine de la Croix-du-Trahoir ou de l'Arbre-Sec. — Angle des rues Saint-Honoré et de l'Arbre-Sec. Érigée sous François Ier; reconstruite par Soufflot en 1775. Une nymphe de Jean Goujon verse l'eau dans un bassin.

Fontaine Cuvier. — Au coin des rues Cuvier et Linné. Érigée en 1761 sur les dessins de Bernini, elle fut reconstruite et vouée à *Georges*

Cuvier, par Alph. Vigoureux. Figures allégoriques. Statue assise de l'*Histoire naturelle*.

Fontaine Égyptienne, rue de Sèvres. — Entrée d'un temple égyptien.

Fontaine Gaillon, carrefour du même nom. — Œuvre de Visconti. Génie frappant un dauphin de son trident (bronze).

Fontaine de Grenelle, rue de Grenelle. — Œuvre de Bouchardon (1739-45). Forme semi-circulaire, 30 mètres de largeur et 12 mètres de hauteur; au milieu, portique de quatre colonnes ioniques; groupe de marbre représentant la *Ville de Paris*, la *Seine* et la *Marne* à ses côtés, sur le fronton; figures allégoriques des *Saisons* dans des niches latérales. Bas-reliefs. Inscription du cardinal de Fleury.

Fontaine du Gros-Caillou, en face de l'hôpital militaire. — Erigée en 1813. Bas-relief du fronton : *Hygie secourant des soldats épuisés*, souvenir de la retraite de Russie.

Fontaine des Innocents, square du même nom, entre la rue Saint-Denis et les Halles centrales. — Erigée en 1551, par Lescot, à l'angle des rues aux Fers et Saint-Denis, elle n'avait alors que trois arcades; réédifiée en

1788 au milieu de l'ancien marché des Innocents, elle a été restaurée de fond en comble en 1858 et installée au lieu où elle se trouve aujourd'hui. Quatre arcades sur gradins, supportant une coupole lamée d'écailles de cuivre ; décoration d'angles de quatre lions au soubassement ; naïades de Pajou et Jean Goujon.

Fontaine de Léda. — Erigée en 1806, à l'angle des rues Vaugirard et du Regard ; aujourd'hui encastrée dans la façade postérieure de la *Fontaine de Médicis*, regardant la rue de ce nom. Bas-relief de Valois : *Léda et Jupiter métamorphosé en cygne*. (Voir *Jardin du Luxembourg*.)

Fontaine Molière, angle des rues Molière et Richelieu, près le Théâtre-Français (*maison de Molière*, comme on sait). — Monument en marbre blanc, élevé à la mémoire du grand poëte comique, grâce à l'initiative de M. Régnier, de la Comédie-Française, en 1844. Statue en bronze de *Molière* assis, dans l'attitude de la méditation et flanqué des muses de la *Comédie sérieuse* et de la *Comédie légère*. Ces statues sont de Pradier, celle de Molière est de Seurre ; les dessins généraux sont de Visconti. — La maison de la rue de Richelieu qui se trouve en face de la fontaine est celle où Molière rendit le dernier soupir.

Fontaine Vendôme, rue du Temple, près de la rue Béranger (ancienne rue Vendôme). — Elle est surmontée d'une coupole et d'un trophée militaire. Cette fontaine et la rue qui portait naguère le même nom faisaient autrefois partie de l'enclos du Temple et étaient ainsi nommées en l'honneur du marquis de Vendôme, grand prieur de France.

Fontaines Wallace. — Etablies dans tous les quartiers de Paris, par sir Richard Wallace, philanthrope anglais, et ornées d'une petite tasse de fer battu fixée à l'aide d'une chaînette, pour permettre de se désaltérer gratis le plus confortablement du monde. Le nombre de ces fontaines, très-gracieuses de forme, augmente sans cesse.

Squares, Jardins et Parcs.

Paris s'est peu à peu couvert de jardinets ornés de statues et de pièces d'eau, auxquels le nom anglais de *squares*, que nous ne chicanons pas, a été donné. Quelques-uns méritent en vérité d'être cités et visités. Ce sont :

L'Avenue du Bois de Boulogne.

Le SQUARE DES ARTS ET MÉTIERS, en face du Conservatoire, entrées principales rue Saint-Martin et boulevard de Sébastopol. Deux bassins, candélabres en bronze, colonne de granit portant une statue de la *Victoire*, en bronze. — Le SQUARE SAINT-JACQUES, rue de Rivoli, boulevard Sébastopol, avenue Victoria et rue Saint-Martin. Au milieu, la *Tour Saint-Jacques-la-Boucherie*, qui date du commencement du XVIe siècle et a été soigneusement restaurée sous le second empire. Nombreuses statues; celle de *Blaise Pascal* a été érigée sous la clef de voûte de la tour, faisant face à la rue de Rivoli. — Le SQUARE DU TEMPLE, près du nouveau marché du Temple. Cascade. — Le SQUARE MONTHOLON, rues Montholon et Lafayette. Statues, fontaine. — Le SQUARE VINTIMILLE, place du même nom, rue de Douai. — Le SQUARE DES BATIGNOLLES, massifs, pièces d'eau, rochers. — Le SQUARE DE MONTROUGE, statue de la *République*, par Bogino, etc. — Les SQUARES DE LA TRINITÉ et DE SAINTE-CLOTILDE, devant les églises du même nom. — Le SQUARE MONGE, rue Monge. Statue de *Voltaire*, en bronze. — Les SQUARES LOUVOIS et DES INNOCENTS, dont nous avons déjà parlé. — Le SQUARE de la rue de Sèvres, près des magasins du *Bon Marché*. — Le SQUARE DU LOUVRE (ancienne place Na-

poléon III), contigu à la place du Carrousel, etc.
— Ouverts toute la journée au public.

Les Champs-Elysées. — De l'Arc de Triomphe de l'Etoile à la place de la Concorde. A cette extrémité, des deux côtés de l'avenue, groupes des *Chevaux de Marly*, par Coustou. Avenue principale et contre-allées; pelouses et massifs soigneusement entretenus. Palais de l'Industrie, Panorama, Cirque d'été, théâtre des Folies-Marigny, Cafés concerts d'été, Guignol, concert Besselièvre, restaurants, cafés, etc.

Jardin des Tuileries. — De l'autre côté de la place de la Concorde, borné sur les autres faces par les quais au sud, la rue de Rivoli au nord et à l'est par la rue des Pyramides, qui le sépare des ruines du palais. Magnifiques avenues de marronniers, groupes, statues, bassins, jets d'eau. Dessiné par Le Nôtre, en 1665, il ne reste plus grand'chose de ses premières lignes. — Ouvert toute la journée. L'été, musique militaire tous les jours, le lundi excepté, de cinq à six heures, pour le seul prix de la location des chaises.

Jardin du Luxembourg. — Dessiné par Jacques Desbrosses, architecte de Marie de Médicis, le jardin du Luxembourg a reçu depuis de notables transformations et a subi, en 1867, l'amputation d'un bon tiers du terrain sur lequel il s'étendait, où commencent seulement à s'élever de ces hautes maisons dont le type n'est pas loin. Terrasses plantées ; devant le palais, immense bassin entouré de parterres ; grande allée se dirigeant vers l'Observatoire, mais coupée brusquement par la rue de l'Abbé-de-l'Épée, prolongée jusqu'à la rue d'Assas et fermée sur cette rue par une grille monumentale ; jardin anglais, orangerie. Statues de femmes célèbres de la France s'élevant sur les terrasses qui entourent le parterre central avec bassin au milieu. Sur le côté du jardin bordé par la rue de Médicis, la *Fontaine de Médicis*, construite par J. Desbrosses. On y remarque surtout, sur la façade principale, le groupe de M. Ottin : *Polyphème surprenant Acis et Galatée*, qui fut souillé dans le même temps que le groupe de *la Danse*, de Carpeaux, au nouvel Opéra et par le même procédé ; devant, long bassin bordé de platanes dans les branches desquels courent d'épaisses guirlandes de lierre. Sur la façade de la rue de Médicis, a été encastrée la *Fontaine de Léda*, qui s'élevait jadis à l'angle des rues de Vaugirard et du Regard. Le *Jardin botanique*, qui bordait le boulevard Saint-Michel, a disparu en 1867 dans les terrains aliénés; il en est de même de la *Pépinière*, dont le sol exhaussé est couvert d'une espèce de jardin anglais. La partie de l'allée de l'Observatoire, détachée du jardin, a été convertie en parterres : colonnes portant des vases ; groupes de marbre : le *Matin*, le *Midi*, le *Soir*, la *Nuit* ; à l'extrémité sud, la magnifique *Fontaine du Zodiaque* ou *de l'Observatoire*, œuvre de Carpeaux : les quatre parties du monde personnifiées, portant un globe, entourées de huit chevaux marins et de tortues lançant de l'eau, le tout en bronze; cascades, jet d'eau, etc. — Musique militaire les mardis et jeudis, en été, de cinq à six heures.

JARDIN DES PLANTES. — Voir MUSÉUM D'HISTOIRE NATURELLE.

JARDIN DU PALAIS-ROYAL. — Ouvert jusqu'à minuit. En été, musique militaire les lundis, mercredis et samedis, de cinq à six heures. (Voir PALAIS-ROYAL.)

PARC MONCEAUX, boulevards Monceaux et Malesherbes. — Dessiné par Carmontel, en 1778, pour Philippe d'Orléans, il a été considérablement réduit en 1866-68 et est devenu, en somme, une charmante promenade publique, entourée d'une grille magnifique et fermée par cinq portes communiquant à autant de larges boulevards. Allées, massifs, parterres; rochers, grottes artificielles, glacière, rivière enjambée par un pont rustique; colonnade corinthienne incomplète, appelée *la Naumachie*, entourant un vaste bassin ovale. — Ouvert aux voitures et aux piétons jusqu'à dix heures du soir.

Bois de Boulogne. — De l'Arc de triomphe de l'Etoile, on peut se rendre au Bois de Boulogne par plusieurs larges avenues, mais la plus directe est l'avenue du Bois de Boulogne qui conduit à la porte Dauphine. On prend, soit le chemin de fer (gare Saint-Lazare), pour la station de l'avenue du Bois de Boulogne, soit une voiture de place à l'heure; des tramways parcourent d'autre part l'avenue de Neuilly, dont on peut user pour pénétrer dans le bois par la porte de Neuilly. — En face de la porte Dauphine, la route du Lac conduit au lac inférieur; sur le lac, canots de promenade, à 1 franc par personne jusqu'à trois, 3 francs jusqu'à sept, 5 francs jusqu'à quatorze personnes. Iles, restaurants, etc. — Visiter la grande cascade, le champ de courses de Longchamp, à moins de dix minutes de distance, entre la butte Mortemart et la porte d'Auteuil; prendre l'allée de Longchamp qui aboutit à la grande cascade, l'allée de la Reine-Marguerite, la route de Madrid et visiter le JARDIN D'ACCLIMATATION, qui s'étend de la porte de Madrid à la porte de Sablonville (entrée près de cette dernière). Le *Pré Catelan* et les pelouses de la Croix Catelan se trouvent à droite de l'allée de la Reine-Marguerite, dans cet itinéraire, un peu plus bas et à droite de celle de Longchamp: restaurants, cafés, jeux, bals, etc. — Le but du JARDIN ZOOLOGIQUE D'ACCLIMATATION (voir MUSÉES, etc.) se trahit par son titre même : animaux divers, plantes, magnanerie, aquarium, laiterie, serres, etc. En outre, l'administration semble vouloir y créer un cours d'ethnographie en action ; c'est ainsi qu'elle a produit toute une *smala* de Nubiens, venant donner aux Parisiens curieux une idée de eurs mœurs, coutumes et industrie ; ce fut ensuite une famille d'Esquimaux. — Sans doute elle ne s'en tiendra pas là (voir CONCERTS).

BOIS DE VINCENNES. — On s'y rend par les tramways du Louvre ou des Halles à Vincennes, par le chemin de fer de ceinture (station du Bel-Air), ou par le chemin de fer de Paris à Vincennes, place de la Bastille. — Promenade pittoresque, peu fréquentée par la foule désœuvrée et bruyante, paisible par conséquent. Le *Champ de manœuvre*, où l'on voit une pyramide qui date de Louis XV, le sépare en deux parties; plus loin le *polygone* pour les exercices d'artillerie et la *butte* pour ceux de l'infanterie. Ferme de la Faisanderie, lacs Daumesnil, de Saint-Mandé, de Gravelle, des Minimes.—A gauche, sur la route, le CHATEAU DE VINCENNES. Visible les samedis, de midi à quatre heures, avec permission du directeur de l'Artillerie, à Paris, ou du commandant de l'Artillerie, à Vincennes.

BUTTES CHAUMONT, sur la colline de Belleville, au nord de Paris; itinéraire : faubourg Saint-Martin, rue Lafayette, rue de Puébla. Anciennes carrières à plâtre transformées en une sorte de parc charmant : grotte à stalactites, cascade, pont, chalet des gardiens, lac, île s'élevant à 50 mètres au-dessus du niveau du lac et enrichie d'une reproduction du *Temple de la Sibylle* de Tivoli.

PARC DE MONTSOURIS, avenue du même nom et rue d'Alésia, non loin de la gare de Paris à Sceaux et à Orsay et de l'avenue d'Orléans. — L'établissement de ce parc, appelé à rivaliser au sud avec le précédent au nord, a nécessité des travaux de terrassement inouïs : abaissement de la colline de la Tombe-Issoire, remblai du vallon de la Bièvre d'un niveau extrêmement bas en cet endroit, par comparaison avec la colline, etc. (Voir Observatoire météorologique de Montsouris.)

Cimetières.

Les trois cimetières compris depuis 1860 dans l'enceinte de Paris, ne s'ouvrent plus qu'aux concessions perpétuelles. Ce sont les cimetières de l'Est (Père-Lachaise), du Nord (Montmartre), et du Sud (Montparnasse). Le public y est admis tous les jours, de six heures à six heures en été, de sept heures à quatre heures en hiver.

Le Père-Lachaise, boulevard de Ménilmontant, au bout de la rue de la Roquette. — Ce cimetière, établi en 1804, sur l'emplacemen des anciens jardins de Montlouis, est le plus riche en morts illustres et en tombeaux magnifiques, peut-être, du monde entier. Nous nous bornerons à rappeler au hasard les noms de Lafontaine, de Molière, de Béranger et Manuel réunis, de J. Laffitte, Gay-Lussac, Laplace, Ney, Masséna, Dupuytren, Larrey, Héloïse et Abeilard, Ledru-Rollin, Beaumarchais, Sieyès, le comte de La Vallette, Charles Nodier, Monge, Méhul, Hérold, Boïeldieu, Chérubini, Grétry, Alfred de Musset, Frédéric Soulié, Talma, Casimir Delavigne, Suchet d'Albuféra, Davoust, Benjamin Constant, Balzac, Eug. Delacroix, Amédée Achard, Millevoye, Elisa Mercœur, Désaugiers, le général Foy, Labédoyère, Racine, Mlle Clairon, les tragédiennes Duchesnois et Rachel (*cimetière israélite*), Scribe, le duc de Morny, Mélingue, David d'Angers, Visconti, les généraux Lecomte et Clément Thomas, les aéronautes Sivel et Croce-Spinelli, Casimir Périer, Thiers, Raspail, la reine d'Oude et son fils (*cimetière musulman*), Pradier, Bosio, Dantan, Bernardin de Saint-Pierre, Michelet, le Dr Gall, Auber, etc.

Cimetière Montmartre, boulevard de Clichy. — Tombeaux de la famille Cavaignac, du représentant Baudin, de Legouvé, de Mme de Girardin, de Henri Beyle, de Henri Murger, de Paul Delaroche, de Jenny Colon, de Nourrit, de Bougainville, du maréchal Lannes, de Th. Gautier, Lambert Thiboust, etc.

Cimetière Montparnasse, boulevard de Montrouge. — Tombeaux de Dumont-d'Urville, des quatre sergents de La Rochelle, d'Hégésippe Moreau, de Rude, de Bocage, de

Lisfranc, d'Orfila, du représentant Dornès, de Pierre Leroux, d'Edgar Quinet, etc.

EXCURSION SOUS PARIS.

Les Catacombes. — Les catacombes de Paris sont formées d'anciennes carrières abandonnées, converties en ossuaires dans leur plus grande étendue, voici dans quelles circonstances : En 1780, la généralité des habitants, effrayée des éboulements qui avaient lieu dans les caves de plusieurs maisons de la rue de la Lingerie, par le voisinage d'une fosse commune ouverte vers la fin de 1779 et destinée à contenir plus de deux mille corps, s'adressa au lieutenant général de police, en démontrant les dangers qui en résultaient pour la salubrité publique. M. de Crosne, successeur de Lenoir, fit nommer, par la Société royale de médecine, une commission chargée de déterminer les moyens de parvenir à supprimer le cimetière des Innocents. On désigna pour recevoir les ossements de ce charnier les anciennes carrières de Montsouris, au lieu dit la Tombe-Issoire, ainsi appelée, dit-on, du nom d'un brigand qui exerçait ses rapines aux environs. L'année 1786 vit exécuter les travaux nécessaires pour approprier d'une manière convenable le lieu destiné à recueillir les ossements exhumés du cimetière des Innocents et tous ceux qu'on retirerait des autres cimetières, charniers et chapelles sépulcrales de la ville de Paris. Ces travaux furent poussés avec activité jusqu'en 1789. Quelque temps suspendus à cette époque, ils furent repris ensuite et terminés vers 1860. — Tous les ossements découverts dans les fouilles nécessitées par les travaux de Paris sont également transportés aux catacombes. — Le *Plan de Port-Mahon*, la *Fontaine de la Samaritaine, Collection géologique du bassin de Paris, Collection pathologique* (ossements déformés par l'influence d'affections diverses), constituent, avec les galeries de l'ossuaire, les curiosités offertes aux visiteurs des catacombes.

Visites en janvier, avril, juillet et octobre, avec une carte obtenue de l'Ingénieur en chef des mines (à l'Hôtel de Ville). Entrée: ancienne barrière d'Enfer, ancien pavillon de l'octroi, à droite. — Se munir d'une lanterne (avec une chandelle dedans).

Les Egouts. — Lorsqu'on se promène dans les rues de Paris, il n'est pas rare de rencontrer, coupant brusquement la chaussée ou l'asphalte du trottoir, une plaque de fonte circulaire ; quelquefois cette plaque est levée et laisse voir un puits béant au ras du sol, entouré d'un garde-fou et d'où émerge l'extrémité supérieure d'une échelle de fer le long de laquelle va ou vient un grand gaillard à bottes invraisemblables : ce puits n'est autre chose qu'un *regard* d'égout. Si, par un temps de pluie violente, on suit de l'œil le ruisseau transformé en torrent tumultueux, on s'aperçoit qu'il disparaît tout à coup, avec un bruit de cataracte, dans une sorte de soupirail ménagé sous le bord du trottoir : il se jette dans l'égout, cet *intestin* de Paris, comme dit Victor Hugo par la bouche de Jean Valjean. — L'égout reçoit tout : eau des fontaines lâchées pour le service du nettoyage de la voie publique, eaux pluviales, eaux ménagères, et quelquefois plus, mais c'est par contrebande. Tout cela va se jeter, par une quantité d'égouts secondaires, dans le grand collecteur, commençant à la place de la Concorde et débouchant dans la Seine, près de Clichy, au-dessous du pont d'Asnières ; ou bien, pour les collines du nord de Paris, de Charonne à Montmartre, dans la Seine encore, mais près de Saint-Denis. L'état de la Seine au-dessous de Saint-Denis, par conséquent, est des plus dégoûtants ; aucun poisson ou amphibie n'y saurait vivre, excepté le *rat* d'eau, et elle exhale la peste. — Mais nous sortirions de notre sujet si nous insistions trop sur ce point.

L'important est que ce système de drainage est des plus intéressants à visiter sans autre préoccupation, qu'on peut le faire sans crainte, l'égout lui-même étant infiniment plus propre et moins nauséabond que les bords de la Seine à Épinay. La visite a lieu une fois par mois, et l'on obtient facilement une carte d'admission, en s'adressant au directeur des Eaux et égouts, à la Préfecture de la Seine.

Conduites d'eau et de gaz. Télégraphie pneumatique. — On trouve aussi dans les galeries d'égouts les conduites d'eau potable montée dans de certaines maisons, maintenant assez nombreuses, jusque sous les combles, et des fils télégraphiques. Les tuyaux de conduite du gaz, par exemple, mesurant aujourd'hui environ 1,200 kilomètres, n'y sont pas admis et sillonnent le sol de Paris pour leur propre compte. Il faut encore citer, parmi les tuyaux souterrains dont Paris est miné, les tunnels, encore peu nombreux, du télégraphe pneumatique.

Les Puits artésiens. — Au nombre des machines employées à la distribution de l'eau dans Paris, il nous faut au moins signaler les puits artésiens, dont les principaux sont ceux de Passy et surtout celui de Grenelle (place de Breteuil, à la rencontre des avenues de Breteuil et de Saxe, derrière les Invalides). Les tubes ascensionnels du *Puits artésien de Grenelle* sont soutenus par une tour de 42 mètres d'élévation. Ce puits a été foré par M. Mulot, et les travaux ont duré de 1833 à 1841.

MOUVEMENT INTELLECTUEL ET INSTRUCTION PUBLIQUE.

Académies et Sociétés Savantes, Facultés, Lycées, Colléges, Séminaires, Écoles spéciales, etc.

L'Institut.

L'INSTITUT DE FRANCE a été fondé pour « recueillir les découvertes, perfectionner les arts et les sciences, » en 1795 (loi du 5 fructidor an III); organisé par la loi du 3 brumaire suivant, il se composait seulement alors de trois classes. L'Institut comprend aujourd'hui cinq académies: l'*Académie française*, l'*Académie des Inscriptions et Belles-lettres*, l'*Académie des*

L'Institut et le Pont des Arts.

Sciences, l'*Académie des Beaux-Arts*, l'*Académie des Sciences morales et politiques.*

Chacune de ces Académies a des séances ordinaires toutes les semaines et une séance annuelle ; l'Institut tout entier se réunit annuellement le 25 octobre. Aux séances annuelles de l'Académie et à la séance générale de l'Institut, de nombreux prix sont distribués ; on peut assister à ces séances si l'on a obtenu une carte d'entrée.

Académies libres et Sociétés savantes.

En dehors de l'Institut, un grand nombre de sociétés savantes existent, poursuivant un but scientifique déterminé, distribuant des prix plus ou moins considérables, suivant leurs ressources ou les fondations que de généreux bienfaiteurs leur ont consenties, concourant en un mot du meilleur de leurs forces au progrès intellectuel du pays. — Ces sociétés forment deux catégories distinctes : celles reconnues d'utilité publique par l'État et jouissant en conséquence de divers priviléges ; celles qui, entièrement libres, vivent de leurs propres ressources.

L'Académie de médecine, rue des Saints-Pères, 31, a été fondée en 1820 et son organisation remaniée jusqu'en 1856. L'importance de cet établissement est très-considérable, à ce point qu'on se demande quelle nécessité il peut y avoir à la réunion en Institut national des cinq académies précitées, bien qu'il y ait une section *médecine et chirurgie* à l'Académie des sciences, quand l'Académie de médecine, dont les services sont si grands, à laquelle on demande tant (c'est à elle que s'adresse l'administration pour toute question intéressant l'hygiène et la santé publique), se trouve en dehors. — L'Académie de médecine possède une *Bibliothèque* réservée à ses membres et des *Laboratoires* pour les membres de ses commissions. Elle se réunit le mardi de chaque semaine et donne une séance publique annuelle, où des prix nombreux sont distribués, le premier mardi de mai.

Les autres Sociétés savantes embrassent l'ensemble des connaissances humaines prises en détail; leur liste serait trop étendue pour pouvoir trouver place ici, car il y en a plutôt deux ou trois poursuivant le même but dans les mêmes limites, qu'une seule spécialité sans représentants. Disons cependant que les Sociétés de *Géographie*, d'*Ethnographie* et d'*An-*

thropologie se sont tout particulièrement distinguées dans ces derniers temps, et nous ont fait faire des progrès énormes en des sciences où notre infériorité n'était que trop évidente.

L'Instruction publique.

Le Collége de France. — Rues des Écoles et Saint-Jacques. Fondé en 1529, plusieurs fois reconstruit depuis, le Collége de France a été notablement agrandi dans ces dernières années. — Cours publics et gratuits, de décembre à fin juillet, sauf pendant la quinzaine de Pâques : Langues et littératures française, grecque, latine et étrangères vivantes ou mortes, sciences, histoire et philosophie.

L'Université de France. — Depuis le vote de la loi sur la liberté de l'enseignement supérieur (12 juillet 1875), l'Université de France n'a plus le monopole de l'enseignement que lui assurait la loi du 10 mai 1806. Il y a des Universités catholiques qui peuvent lui susciter une concurrence sérieuse, profitable peut-être à l'instruction publique, mais qui n'ont pas, jusqu'ici du moins, beaucoup fait parler d'elles. L'Université de France n'en agit pas moins sous la direction de son grand maître, le Ministre de l'Instruction publique, et d'un Conseil supérieur, comme s'il ne s'était produit aucune modification de ses droits, aucune atténuation de sa puissance ; ce qui n'est peut-être pas suffisant.

Les Facultés. — L'enseignement se divise en primaire, secondaire et supérieur. — L'enseignement primaire est donné par les écoles primaires, l'enseignement secondaire par les lycées et les collèges, l'enseignement supérieur par les quatre Facultés: la *Faculté des Lettres* et la *Faculté des Sciences*, à la Sorbonne ; la *Faculté de Droit*, place du Panthéon, 8 ; la *Faculté de Médecine*, place de l'École-de-Médecine, nouvelle façade boulevard Saint-Germain.

A cette dernière Faculté se rattachent : l'*École pratique* (15, rue de l'École-de-Médecine), amphithéâtres, laboratoires de chimie, physique, physiologie, biologie, concours et prix ; la *Clinique de chirurgie et d'accouchement* à l'Hôpital des cliniques et les *Écoles d'accouchement*, annexes de divers hôpitaux spéciaux (voyez *Hôpitaux*); l'*École de pharmacie*, rue de l'Arbalète ; l'*Amphithéâtre* des hôpitaux, rue du Fer-à-Moulin ; le *Jardin botanique*, au Jardin des Plantes ; les *Bibliothèques* des Écoles de médecine et de pharmacie ; le *Musée Orfila*, d'anatomie comparée, à l'École de médecine, et le *Musée Dupuytren*, d'anatomie pathologique, à l'École pratique.

Les Facultés libres catholiques de Droit et des Lettres, fondées en 1875, en vertu de la loi nouvelle, sont installées dans l'ancien couvent des Carmes déchaussés, rue de Vaugirard, 74.

Ecoles spéciales et d'application. — Ce sont : l'*École normale supérieure*, sciences et lettres, rue d'Ulm, 45, derrière le Panthéon, qui forme des professeurs ; — l'*École polytechnique*, rue Descartes, 5, prépare aux armes spéciales et aux professions savantes : artillerie et génie de terre et de mer, corps d'état-major, corps des ingénieurs hydrographes, des ponts et chaussées, des mines, des poudres et salpêtres, des télégraphes, des tabacs ; — l'*École des Chartes*, rue des Francs-Bourgeois, 58 : archivistes-paléographes ; — l'*École pratique des hautes études*, à la Sorbonne : préparation aux missions scientifiques ; — l'*École spéciale des langues orientales vivantes*: orientalistes et interprètes ; — l'*École centrale des arts et manufactures*, rue des Coutures-Saint-Gervais, 1, et rue Thorigny, 5 (anc. Hôtel de Juigné): préparation à la haute industrie ; — l'*École des*

Beaux-Arts, rue Bonaparte, 14; — l'*École d'Architecture*, boulevard Montparnasse, 136; — le *Conservatoire national de musique et de déclamation*, rue du Faubourg-Poissonnière, 15, forme des artistes pour nos scènes nationales de tragédie, de comédie et lyriques, des compositeurs, des professeurs, des instrumentistes pour l'orchestre et la musique militaire; — l'*École spéciale de dessin et de mathématiques*, rue de l'École-de-Médecine, 5; — le *Conservatoire des Arts et Métiers*, rue Saint-Martin, 292: sciences appliquées aux arts et à l'agriculture; — l'*École des Mines*, boulevard Saint-Michel, 60 et 62; — l'*École des Ponts et Chaussées*, rue des Saints-Pères, 28; — l'*École militaire de Saint-Cyr*, à Saint-Cyr-l'École (Seine-et-Oise); — l'*École d'application d'état-major*, rue de Grenelle Saint-Germain, 138; — l'*École normale militaire de gymnastique*, à Vincennes (redoute de la Faisanderie); — l'*École d'application des tabacs*, quai d'Orsay, 63 (à la Manufacture); — l'*École d'application de médecine et de pharmacie militaires*, au Val-de-Grâce; — l'*École vétérinaire*, à Alfort; — l'*École d'administration militaire*, à Vincennes; — l'*École d'application du génie maritime*, rue de Lille; — l'*École d'hydrographie*, rue de l'Université.

LYCÉES ET COLLÉGES. — Lycée *Fontanes* (ancien *Condorcet*, ancien *Bonaparte*), rue Caumartin, 65; Lycée *Charlemagne*, rue Saint-An-Antoine, 120; — Lycée *Louis-le-Grand*, rue Saint-Jacques, 123, annexe à Vanves; — Lycée *Henri IV* (ancien *Napoléon*), rue Clovis, 1; — Lycée *Saint-Louis*, boulevard Saint-Michel, 40; — Collége *Rollin*, Avenue Trudaine et boulevard Rochechouart; — Collége *Chaptal*, rue de Rome, 73 et boulevard des Batignolles; — Institution *Sainte-Barbe*, place du Panthéon et rue Cujas, succursale à Fontenay-aux-Roses; — Collége *Stanislas*, rue Notre-Dame-des-Champs, 22; — École *Monge*, boulevard Malesherbes et avenue de Villiers, près du parc Monceaux, etc.

SÉMINAIRES. — *Séminaire diocésain*, place Saint-Sulpice, 9; — Séminaire *des missions étrangères*, rue du Bac, 128; — Séminaire *du Saint-Esprit*, rue Lhomond, 30. — PETITS SÉMINAIRES: *de Notre-Dame-des-Champs*, rue Notre-Dame-des-Champs, 21; — *de Saint-Nicolas-du-Chardonnet*, rue de Pontoise, 30; — *Petite Communauté de Saint-Sulpice*, à Auteuil, rue Molière, 1. — ÉCOLES CHRÉTIENNES DES FRÈRES, maison mère, rue Oudinot, 27.

ÉCOLES PROFESSIONNELLES. — L'*École supérieure du commerce*, rue Amelot, près la rue Oberkampf; — l'*École commerciale*, avenue Tru-

daine, 50 ; — l'*École Turgot*, rue Turbigo, 69-71 ;
— l'*École Colbert*, rue Château-Landon, 27 ; —
l'*École Lavoisier*, rue d'Enfer, 19 ; — l'*École
d'Auteuil*, rue d'Auteuil. — Le *Collége Chaptal*,
dont nous avons parlé, joint également l'enseignement industriel, commercial et même
agricole aux études classiques. — Citons encore les *Écoles professionnelles pour les femmes*,
fondées par Mme Lemonnier, rues de Laval,
Saint-Honoré, des Francs-Bourgeois, d'Assas,
de Reuilly, etc. ; — l'*École Saint-Nicolas*, rue
de Vaugirard, 92, dirigée par des Frères ; —
l'*Institution Notre-Dame des Arts*, à Neuilly,
boulevard d'Argenson, 52.

BIBLIOTHÈQUES, ARCHIVES, MUSÉES, EXPOSITIONS ET COLLECTIONS SCIENTIFIQUES ET ARTISTIQUES.

Les Bibliothèques, etc.

BIBLIOTHÈQUE NATIONALE, rue Richelieu, 58,
et rue Colbert, 3. — Ouverte tous les jours,
sauf les dimanches et jours fériés, de 10 à
4 heures. — Quatre départements : Imprimés,
cartes et collections géographiques; manus-

crits; médailles et pierres gravées; estampes. Le département des imprimés a une immense salle de lecture (entrée rue Colbert) ouverte au public, même le dimanche aux heures indiquées, et une salle de travail (rue de Richelieu) réservée, où l'on n'est admis qu'avec une carte délivrée, sur demande justifiée, par l'administrateur général. Il en est de même des départements des manuscrits, des estampes et des médailles. Le public est toutefois admis à ce dernier le mardi. — Dépôt au vestiaire, en entrant, des cannes, parapluies, etc. (gratuit).

Bibliothèque Sainte-Geneviève, place du Panthéon. — Ouverte tous les jours non fériés de 10 à 3 heures et le soir de 6 à 10 heures. Estampes, manuscrits, imprimés, collections de journaux; salle publique de lecture au premier. — La seule bibliothèque publique ouverte le soir.

Bibliothèque Mazarine, quai Conti, Palais de l'Institut. — Tous les jours non fériés, de 10 à 4 heures. — Plans en relief des monuments pélasgiques de Grèce et d'Italie, curiosités bibliographiques, manuscrits précieux.

Bibliothèque de l'Arsenal, rue de Sully, 1.

— De 10 à 3 heures. — Nombreux manuscrits, œuvres des poëtes secondaires anciens.

Bibliothèque de la Ville de Paris, rue Sévigné, 23 (hôtel Carnavalet). — En voie de reconstitution, l'ancienne Bibliothèque (100,000 vol.), ayant été détruite en mai 1871, dans l'incendie de l'Hôtel-de-Ville. — Ouverte aux personnes munies de cartes délivrées par le Préfet de la Seine, les jours non fériés, de 10 à 4 heures.

Bibliothèque de l'Institut, à l'Institut, quai Conti, 21. — Tous les jours, avec permission ou sur présentation d'un académicien.

Bibliothèque de l'École des Beaux-Arts, rue Bonaparte, 14. — Tous les jours non fériés, le samedi excepté, du 1er novembre à fin février, de midi à 4 heures, et de midi à 5 heures le reste de l'année.

Bibliothèque de l'Université, à la Sorbonne. — Jours non fériés, de 10 à 3 heures.

Bibliothèque du Muséum d'histoire naturelle, au Jardin des Plantes. — Comme la précédente.

Bibliothèque du Conservatoire des Arts-et-Métiers. — Jours non fériés, sauf le lundi, de 10 à 3 heures et le soir de 7 1/2 à 10 heures.

Archives nationales, rue des Francs-Bourgeois, 60 (anc. hôtel de Clisson, puis de Guise). — Documents historiques, politiques, judiciaires; *Musée paléographique*, riche collection de sceaux, médailles, papyrus, etc. Ouvert au public le dimanche, de midi à 3 heures, et le jeudi, mêmes heures, avec autorisation du directeur. Communication de documents, au « Bureau des renseignements, » tous les jours non fériés, 10 à 3 heures.

Imprimerie nationale, rue Vieille-du-Temple, 87 (anc. hôtel de Strasbourg). — Musée typographique, cabinet des poinçons, collection de types orientaux unique au monde, bibliothèque, salles des machines, ateliers. Ouverts le jeudi à 2 heures; permission du directeur, sollicitée par écrit; permission spéciale pour la visite du cabinet des poinçons et la Bibliothèque.

Conférences publiques. — Joignons à cette liste l'adresse de la salle des Conférences, boulevard des Capucines, 35, où l'on peut entendre des lectures sur toute sorte de sujets, tous les soirs, moyennant un faible droit d'entrée.

Musées et Collections.

Le Louvre. — Le Musée du Louvre est ouvert au public de 10 à 4 heures, tous les jours, dimanche compris, mais le lundi excepté. On y pénètre par le pavillon Denon, square du Louvre (place du Carrousel).

Nous ne saurions donner ici le catalogue des objets innombrables composant les riches collections du Louvre, pas plus d'ailleurs que nous ne saurions le faire pour les autres. Nous faisons un *guide* sommaire, bourré de renseignements sérieux ayant peine à tenir dans un si petit espace; il n'y a pas de *catalogue* sommaire de livres, d'objets artistiques ou scientifiques: un tel catalogue n'a de raison d'être que s'il est complet, et ceux qui prétendent s'affranchir de cette règle ne savent pas ce qu'ils font s'ils ont un autre but que de faire du volume. Il y a deux manières de visiter un musée: le visiter à la diable, s'arrêtant uniquement sur l'objet qui frappe la vue, ou le visiter méthodiquement, le *catalogue spécial*, et pas d'autre, à la main. Nous nous bornerons, quant à nous, à indiquer aux visiteurs la situation des collections diverses renfermées dans les musées de Paris, pour qu'ils sachent où se trouvent celles qui doivent les intéresser. Vouloir faire davantage serait pure présomption ; ils nous sauront gré de ne l'avoir point tenté.

Au Louvre, les collections sont réparties comme suit : — Au *rez-de-chaussée*, la sculpture antique, de la Renaissance et moderne ; les antiquités de la Grèce, de l'Asie-Mineure, de l'Égypte et de l'Assyrie ; la calcographie. — Au *premier étage*, les salles de peinture, dessins, cartons, miniatures ; antiquités grecques, étrusques, asiatiques, égyptiennes ; collections Sauvageot, Lenoir (Moyen âge et Renaissance); bronzes antiques, bijoux, émaux, faïences italiennes ; musée américain. — Au *deuxième étage*, outre trois nouvelles salles de peinture de l'école française moderne, se trouvent le musée de la marine : modèles de vaisseaux, plans en relief de ports de mer, etc. ; musée ethnographique ; musée de l'Afrique centrale ; musée chinois ; musée mexicain.

LE LUXEMBOURG. — Le Musée du Luxembourg est, comme celui du Louvre, ouvert au public de 10 à 4 heures, tous les jours, le lundi excepté (le Palais n'est plus ouvert au public depuis que l'Administration municipale, chassée de l'Hôtel-de-Ville incendié, y a installé ses bureaux). On y pénètre par le jardin, grille de la rue de Vaugirard, derrière l'Odéon : tourner à droite presque aussitôt, atteindre la porte de service du Palais, monter l'escalier qui se présente et qui conduit au premier étage de l'aile orientale qu'occupe le musée de peinture ; galerie de sculpture aux rez-de-chaussée, derrière l'escalier. Ce musée, d'abord affecté à l'exposition des chefs-d'œuvre des artistes vivants, renferme au moins les chefs-d'œuvre de l'art contemporain couronnés aux Salons annuels et acquis par l'État dans ce but. Il y a une salle des artistes étrangers.

Hôtel de Cluny (Musée des Thermes et Hôtel de Cluny), boulevard Saint-Michel, entrée du musée rue Du Sommerard, 24. — L'Hôtel, bâti au XVe siècle sur l'emplacement du Palais des Thermes, est par lui-même une curiosité archéologique d'un double caractère. Il est entouré, du côté du boulevard Saint-Germain et de la rue Fontanes, d'un jardin jonché, pour ainsi dire, de spécimens en ruine de la sculpture et de l'architecture du moyen âge. Du côté du boulevard Saint-Michel, fermé par une grille, on voit en passant une partie des ruines du palais des Thermes de Julien. Collections d'antiquités gallo-romaines, du Moyen âge et de l'époque de la Renaissance : sculpture, peinture, ciselure, orfévrerie, émaux, bijoux, ivoi-

Le Musée de Cluny.

res, meubles, voitures de gala, tapisseries, tissus, verreries, faïences, etc. — Ouvert au public de 11 à 4 heures 1/2 le dimanche et tous les jours, sauf le lundi, aux personnes munies de cartes et aux étrangers *sur la présentation de leurs passe-ports.*

Musée municipal, 23, rue de Sévigné (hôtel Carnavalet). — Collections d'objets de toute sorte intéressant l'histoire de la ville de Paris, depuis les temps préhistoriques jusqu'à l'époque contemporaine. *Bibliothèque*, destinée à remplacer la Bibliothèque municipale, détruite dans l'incendie de l'Hôtel-de-Ville. Collection d'*Estampes*.

Musée d'artillerie, à l'Hôtel des Invalides depuis 1871 (auparavant, place Saint-Thomas-d'Aquin, à l'ancien couvent des Dominicains). — Ouvert au public les mardis, jeudis et dimanches, depuis midi jusqu'à 3 heures en hiver et jusqu'à 4 heures en été.

Une nouvelle *Galerie des costumes de guerre*, du plus grand intérêt ethnographique, a été ouverte tout récemment dans ce musée.

Musée des monnaies et médailles, quai Conti, 11, à l'Hôtel des Monnaies. — Visible les mardis et vendredis, de midi à 3 heures. On peut visiter également, mêmes jours et heures, les ateliers et laboratoires, avec une permission du directeur de la fabrication (demande écrite). Il y a un bureau de vente des médailles portées au catalogue. — Collection de poinçons, coins, médailles, jetons, depuis Charlemagne; collection de timbres-poste de toutes les nations.

Musée minéralogique et géologique, boulevard Saint-Michel, 60-62 (École des Mines). — Visible de 11 à 3 heures, les mardis, jeudis et samedis pour le public, tous les jours pour les étudiants.

Le Musée Orfila, anatomie comparée, rue de l'École-de-Médecine, 12, et le Musée Dupuytren, anatomie pathologique, rue de l'École de médecine, 15, ne sont accessibles qu'aux étudiants et aux médecins. Tous les jours de 11 à 3 heures.

Muséum d'histoire naturelle (Jardin des Plantes), place Walhubert, en face du pont d'Austerlitz et rue Geoffroy-Saint-Hilaire, au coin de la rue Cuvier, avec entrées supplémentaires quai Saint-Bernard et rue de Buffon. — Le Jardin est ouvert au public du matin au soir; la Ménagerie, depuis 10 heures en été et 11 heures en hiver jusqu'à 6 heures du soir en été et

4 heures en hiver. Les Serres et l'École de botanique ne sont accessibles qu'avec autorisation spéciale. De 1 à 4 heures, les personnes munies d'une carte sont admises à l'intérieur du bâtiment des carnassiers non exposés au public ; une carte est également nécessaire pour pénétrer à l'intérieur du palais des singes, de celui des reptiles, etc. Les galeries d'anatomie comparée, de zoologie, de botanique, de géologie et de minéralogie sont ouvertes au public le dimanche de 1 à 5 heures, le mardi et le jeudi de 2 à 5 heures ; les personnes munies de cartes y sont admises les mardis, jeudis et samedis de 11 à 2 heures. — *Bibliothèque*: tous les jours non fériés de 10 à 3 heures.

Les étrangers obtiennent aisément l'autorisation de visiter les diverses parties du Muséum, par la simple présentation de leurs passe-ports. Adresser demande écrite au directeur ou à l'un des professeurs.

Le JARDIN est divisé dans sa longueur par trois grandes allées dont une de marronniers et deux de tilleuls, coupées elles-mêmes d'allées transversales de néfliers, robiniers, etc. A gauche, en pénétrant par la place Walhubert, se trouvent les galeries de botanique, de géologie et minéralogie et la bibliothèque ; sur le côté bordé par la rue Geoffroy-Saint-Hilaire, les galeries de zoologie, dont l'insuffisance est reconnue depuis longtemps et qui vont être augmentées par la construction d'un bâtiment semblable, parallèle au premier et relié à celui-ci par une galerie vitrée où seront exposés les éléphants, rhinocéros, girafes, etc., jusqu'ici habitants du rez-de-chaussée du premier bâtiment. — Entre la galerie zoologique et la bibliothèque, maison de l'intendance, où mourut Buffon.

A droite, du côté de la rue Cuvier, se trouvent la *Ménagerie*, le nouveau *Palais des reptiles*, installé au commencement de 1875, le *Palais des singes*, les *Chenils*, le cabinet d'anatomie comparée, etc. — Le long de l'allée de marronniers, la *fosse aux ours*, où, depuis 1830 au moins, les journaux bien informés racontent périodiquement qu'une bonne d'enfant a laissé échapper son marmot, qu'un sapeur héroïque a repêché au péril de son bonnet à poil; oiseaux aquatiques, oiseaux de basse-cour. — Auprès et à droite du magnifique palais des reptiles, se trouve la *Fauconnerie*, longue cage où, dans des compartiments séparés, s'étirent les aigles, vautours, faucons, condors, etc. Mais le *Palais des reptiles*, où nagent et rampent depuis la tortue jusqu'au crocodile et au serpent boa, est, sans contredit, la merveille du Muséum.

Le *Jardin anglais* (au sud), outre l'orangerie et les jardins de naturalisation et de semis, comprend le *Labyrinthe* et le butte surmontée d'un belvédère; à mi-chemin, le cèdre du Liban, planté par Bernard de Jussieu en 1734, le premier qui fut en France. — Colonne élevée à la mémoire de Daubanton.

JARDIN ZOOLOGIQUE D'ACCLIMATATION. (Voir *Bois de Boulogne.*) — Entrées : 1 fr., jardin et serres; 50 cent. pour le jardin seul, le dimanche; voiture, 3 fr. en sus. Concerts les jeudis et dimanches (l'été), à 3 heures.

CONSERVATOIRE DES ARTS-ET-MÉTIERS, rue Saint-Martin (ancien prieuré de Saint-Martin-des-Champs. — Ouvert au public les dimanches, mardis et jeudis gratuitement, les autres jours moyennant 1 fr. d'entrée : catalogue chez le concierge. Collections de modèles de machines, instruments d'agriculture, d'optique, d'acoustique, d'astronomie, de géométrie, de physique, etc.; horlogerie, chefs-d'œuvre de l'art du tour, appareils d'éclairage et de chauffage, fours, produits chimiques, céramique, gravure, etc., etc. — Bibliothèque. Archives.

Au rez-de-chaussée, en entrant, se trouve le *vestibule*, improprement dénommé *salle d'écho*, le phénomène observé dans cette salle étant la résonnance et non l'écho. On se place à l'un des angles, tandis qu'une autre personne va se placer à l'angle diagonalement opposé : les paroles que l'une des deux personnes ainsi placées prononcera *tout bas*, murmurera, pour mieux dire, dans son coin, parviendront avec une grande netteté à l'oreille de l'autre à laquelle les portera la série de moulures reliant les deux angles en passant par la voûte.

L'Observatoire, à l'extrémité sud de l'avenue de l'Observatoire, derrière le Jardin du Luxembourg. Visible seulement sur autorisation spéciale du directeur. Entrée par la porte de l'avenue, grand escalier principal, conduisant au premier étage : collection d'instruments anciens ; globes céleste et terrestre gigantesques, grand quart de cercle mural, deux tableaux peints représentant le ciel boréal et le ciel austral, ce dernier dû à Lacaille. L'axe de cette salle du premier, en T, forme l'axe même du monument et coïncide avec la ligne méridienne de Paris. De plain-pied avec cette salle se trouve la grande terrasse de la façade méridionale où se font les observations à l'aide de télescopes libres et de lunettes astronomiques. De la grande salle, on traverse le cabinet du directeur et une autre pièce octogone occupant l'angle oriental du monument, et l'on arrive à la salle méridienne, c'est-à-dire à la salle où se trouvent les grands instruments méridiens, laquelle est percée au nord et au sud de grandes ouvertures rectangulaires qui se joignent au plafond, pour permettre aux lunettes méridiennes d'explorer le ciel dans toutes ses parties s'étendant du nord au sud dans la direction du méridien; des trappes sont en outre ménagées dans le parquet pour permettre à l'observateur la position qu'il trouve la plus avantageuse au succès de son travail. — Grand téléscope de Foucault, installé récemment au milieu du Jardin, dans une espèce de baraque circulant sur rails.

L'Observatoire météorologique de Montsouris, boulevard Jourdan, à l'extrémité sud de Paris. — Installé dans le palais tunisien, ou Bardo, qui figura à l'exposition de 1867 et fut ensuite transporté là par son architecte, M. Alfred Chapon. Le parc de Montsouris entoure ce gracieux palais. A l'Observatoire météorologique a été annexé, en octobre 1875, un observatoire astronomique, sous la direction de M. le commandant Mouchez, retour de l'observation du passage de Vénus à l'île Saint-

Paul, et pourvu des instruments qui ont servi dans cette expédition.

Le Bureau des Longitudes siége depuis quelque temps à l'Institut, quai Conti.

Palais des Beaux-Arts, rue Bonaparte, 14. — Tous les jours de 10 à 4 heures. — Nombreuses copies des maîtres, modèles de monuments historiques, moulages, travaux des élèves de l'École, etc. A droite, dans la cour du Mûrier, monument élevé à la mémoire d'Henri Regnault. — L'exposition publique des grands prix de Rome a lieu, au mois d'août, non plus au palais même, mais dans la nouvelle salle du quai Malaquais, près la rue Bonaparte, où diverses expositions particulières ont aussi lieu occasionnellement.

Palais de l'Industrie, aux Champs-Élysées, carré Marigny. Vaste pallélogramme à deux étages, flanqué de quatre pavillons, mesurant 252 mètres sur 108 mètres. Ce palais a été construit sur les dessins de MM. Viel et Barrault, pour l'Exposition universelle de 1855. Une double rangée de fenêtres cintrées éclaire le rez-de-chaussée et les galeries du premier étage; la nef centrale reçoit le jour par un dôme vitré qui s'étend sur toute la longueur.

Au-dessus de l'entrée principale, groupe colossal représentant la France distribuant des couronnes à l'Industrie et aux Arts. Sous la corniche, série d'écussons où sont gravés les noms et les armes des principales villes de France, et sur la frise qui règne tout autour du Palais, les noms des savants, des artistes, des industriels illustres morts avant l'époque de la construction du Palais. — Depuis l'Exposition universelle de 1855, le Palais de l'Industrie a servi à des expositions bien diverses: expositions agricoles, d'horticulture, industrielles, de l'alimentation, concours hippiques, expositions de chiens, des industries fluviales et maritimes (1875), etc. Il a servi surtout aux expositions annuelles des œuvres des artistes vivants, dits *Salons*. Ces dernières expositions durent ordinairement du 1er mai au 20 juin ; l'entrée est gratuite les dimanches et les jeudis et coûte 1 fr. les autres jours de la semaine. L'exposition ouvre à 10 heures du matin, sauf le lundi où elle n'ouvre qu'à midi, et ferme à 6 heures du soir. — L'ouverture du Salon de 1878 a été retardée au 25 mai à cause de la grande Exposition universelle.

Exposition Universelle de 1878.

Palais du Champ de Mars, construit sur les dessins de M. Hardy. — Immense parallélogramme de 350 mètres de largeur sur 650 de profondeur. La façade principale est précédée d'un perron de vingt marches, d'une largeur de 75 mètres, conduisant à une terrasse qui ne mesure pas moins de 210 mètres de longueur sur 17 mètres de largeur. Vingt-sept portes donnent accès au grand vestibule de 25 mètres de largeur qui s'étend sur toute la longueur de la façade (350 m.) et sur lequel s'ouvrent toutes les galeries de l'Exposition.— Au centre est la galerie des Beaux-Arts, composée d'une série de salons en enfilade ; cette galerie est coupée en deux dans sa longueur par un terrain ouvert sur lequel s'élève le pavillon d'exposition de la Ville de Paris. De chaque côté de la galerie des Beaux-Arts et du jardin central, règnent les galeries de l'exposition industrielle : à gauche l'exposition de la section française, à droite celle des sections étrangères. Ces galeries sont bordées, sur toute leur longueur, par une double galerie de 35 mètres de largeur réservée aux machines, lesquelles se trouvent bordées à leur tour par les galeries du petit matériel agricole et de l'alimentation. Au fond, comme sur la façade principale, règne un grand vestibule de 25 mètres de largeur. — Tout autour du Palais, le long des avenues de Lamothe-Piquet, de La Bourdonnaye et de Suffren, une avenue plantée, semée de constructions légères, telles que restaurants, buvettes, bureaux administratifs, usines des forces motrices employées à l'intérieur, etc.— Parc de 10 hectares devant le Palais. Parterres, pelouses, bosquets, rochers, pièces d'eau, etc.

L'emplacement total réservé aux exposants de 1878, dans ce Palais, est de 240,000 mètres; il n'était que de 153,000 mètres en 1867. En outre les moyens de communication et de stationnement à l'intérieur sont bien plus grands, considéré la largeur des galeries et l'étendue des salons. — Les moyens de transport extérieurs sont innombrables. Nous citerons seulement l'embranchement du chemin de fer de Ceinture, à la station de Grenelle, créé expressément en vue de l'Exposition de 1878, inauguré le 5 décembre 1877. Pendant l'installation, cinq voies ferrées intérieures permettaient d'amener les wagons à l'emplacement même destiné, dans leur section, aux objets à exposer, d'où qu'ils vinssent.

Nota. — On trouve des billets d'entrée journalière à l'Exposition dans les bureaux de tabac, ceux des postes et du télégraphe, etc.

PALAIS DES FÊTES, au Trocadéro; architectes, MM. Davioud et Bourdais. — Vaste palais circulaire, de style composite, mesurant 66 mètres d'élévation et flanqué de quatre tours de 83 mètres de hauteur desservies par les ascenseurs; au-dessus du dôme central, *Renommée* colossale en cuivre repoussé, de 5 mètres de hauteur, par M. Antonin Mercié; piliers extérieurs surmontés de 40 statues. Deux galeries en hémicycle de 400 mètres de développement dirigent vers le Champ de Mars leurs extrémités formant deux pavillons qui contiennent les escaliers monumentaux montant des avenues d'Iéna et Delessert. Dans l'immense demi-cercle formé par le développement de cette double galerie un parc a été créé, où prend naissance, à partir de la façade du Palais, une grande cascade roulant ses eaux sur le versant où, autrefois, existait l'interminable escalier conduisant à la place du Trocadéro, et se résolvant en un vaste bassin. — Le Palais du Trocadéro contient une grande salle de concert, entourée de deux étages de galeries ouvertes, dans laquelle 6,000 auditeurs peuvent tenir à l'aise. Orgue de Cavaillé-Coll, 46 jeux, 3 claviers. — Cette salle est en outre destinée à la distribution des récompenses aux exposants. Des deux galeries en hémicycle, l'une est affectée à l'exposition rétrospective des chefs-d'œuvre artistiques de tous les âges jusqu'à la fin du dernier siècle; l'autre, contiguë à celle-ci, sert de promenoir. — Salles de conférences (exposition des portraits historiques), etc. dans les pavillons.

Au pied de la butte du Trocadéro, un pavillon de style mauresque a été construit pour l'exposition particulière de l'Algérie. Pavillons de la Perse, de Tunis, du Japon, de la Chine, etc.

Le pont d'Iéna, considérablement élargi, servant de trait d'union entre le Trocadéro et le Champ de Mars, une passerelle a été jetée sur la Seine un peu plus bas pour faciliter les communications entre les deux rives de la Seine.

Manufactures de l'État.

LES GOBELINS, avenue d'Italie, 6. — Manufacture de tapis, fondée par Jean Gobelin en 1450, acquise par l'État sous Louis XIV, qui fit élever les premières constructions dont les agrandissements successifs constituent l'établissement actuel. La manufacture de la *Savonnerie*, fondation de Louis XIII, a été réunie à celle des Gobelins en 1826. La galerie publique et plusieurs ateliers ont été détruits dans les incendies de la Commune, ainsi qu'une partie de la collection des tapisseries précieuses remontant à Louis XIV. Tout ce qui pouvait être reparé de ce désastre l'est depuis longtemps. — Ouverte en été de 2 à 4 heures, en hiver de 1 à 2 heures, les mercredis et samedis, aux personnes munies de billets délivrés par le directeur et aux étrangers sur présentation de leurs passe-ports. — Ateliers de tapis, au rez-de-chaussée ; ateliers de tapisseries haute lisse, reproduction des tableaux des maîtres ; rentraiture et teinture, au premier étage. Dans ce dernier, on remarque le cercle chromatique de M. Chevreul, professeur de teinture appliquée, à l'établissement.

Manufacture de Sèvres, à Sèvres, extrémité inférieure du Parc de Saint-Cloud (tramway du quai du Louvre ou chemin de fer de Versailles, *rive gauche*, gare Montparnasse). — Magasins visibles tous les jours non fériés, de 11 à 4 heures ; *Musée céramique*, mardis et vendredis, avec autorisation du directeur ; visite aux ateliers, avec permission spéciale. — Ma-

Notre-Dame de Paris.

nufacture de porcelaines. Musée céramique fondé par Brongniart et Riocreux.

Manufacture des tabacs, quai d'Orsay, 63. Visible tous les jours, permission du régisseur.

Manutention militaire, quai de Billy, 34. interdite au public.

ÉGLISES, CHAPELLES, TEMPLES ET SYNAGOGUES.

Églises. — Les églises de Paris sont trop nombreuses pour que nous puissions en donner une description détaillée; nous dirons bien quelques mots sur les principales, mais il nous semble que l'important est d'indiquer leur emplacement exact pour que, grâce aux indications topographiques contenues d'autre part, on puisse aisément les trouver. Voici donc, classées par arrondissement, la situation des églises de Paris: Ier arrondissement: *Notre-Dame-des-Victoires*, place des Petits-Pères; *Saint-Eustache*, rue du Jour et rue Rambuteau; *Saint-Germain-l'Auxerrois*, place du Louvre; *Saint-Leu et Saint-Gilles*, rue Saint-Denis et boulevard Sébastopol; *Saint-Roch*, rues Saint-

Roch et Saint-Honoré ; l'*Assomption*, rues Saint-Honoré et de Luxembourg. — II⁰ arrondissement : *Notre-Dame-de-Bonne-Nouvelle*, rue Beauregard et rue de la Lune. — III⁰ arrondissement : *Saint-Nicolas-des-Champs*, rue Saint-Martin, près des Arts-et-Métiers ; *Saint-Martin*, rue des Marais ; *Sainte-Élisabeth*, rue du Temple ; *Saint-Jean et Saint-François*, rue Charlot ; *Saint-Denis-du-Saint-Sacrement*, rue de Turenne. — IV⁰ arrondissement : *Notre-Dame*, place du Parvis (Cité) ; *Saint-Louis-en-l'Ile*, rue Saint-Louis ; *Saint-Gervais et Saint-Protais*, rue François-Miron, derrière l'Hôtel-de-Ville ; *Notre-Dame-des-Blancs-Manteaux*, rue des Blancs-Manteaux ; *Saint-Paul et Saint-Louis*, rue Saint-Antoine ; *Saint-Merry*, rue Saint-Martin. — V⁰ arrondissement : *Saint-Séverin*, rue du même nom ; *Sainte-Geneviève et Saint-Étienne-du-Mont*, place du Panthéon ; *Saint-Jacques-du-Haut-Pas*, rue Saint-Jacques ; *Saint-Nicolas-du-Chardonnet*, rue Saint-Victor et boulevard Saint-Germain ; *Saint-Médard*, rue Mouffetard. — VI⁰ arrondissement : *Saint-Sulpice*, place du même nom, rue Bonaparte ; *Saint-Germain-des-Prés*, place du même nom, boulevard Saint-Germain et rue Bonaparte ; *Notre-Dame-de-l'Abbaye-aux-Bois*, rue de Sèvres ; *Notre-Dame-de-Bon-Secours*, rue Notre-Dame-des-Champs ; *Notre-Dame-des-Champs*, boulevard Montparnasse. — VII⁰ arrondissement : *Sainte-Clotilde*, place Bellechasse ; *Saint-Thomas-l'Aquin*, place même nom ; *Saint-François-Xavier*, boulevard des Invalides ; *Saint-François-Xavier des Missions étrangères*, rue du Bac ; *Saint-Louis*, aux Invalides, place Vauban ; *Saint-Pierre du Gros-Caillou*, rue Saint-Dominique. — VIII⁰ arrondissement : *La Madeleine*, place du même nom ; *Saint-Philippe-du-Roule*, faubourg Saint-Honoré ; *Saint-Augustin*, boulevard Malesherbes. — IX⁰ arrondissement : *la Trinité*, rue Saint-Lazare, vis-à-vis de la rue de la Chaussée-d'Antin ; *Saint-Louis-d'Antin*, rue Caumartin, près le passage du Havre ; *Saint-André*, cité d'Antin ; *Notre-Dame-de-Lorette*, rue de Châteaudun ; *Saint-Eugène*, rue Sainte-Cécile, près du Conservatoire de musique. — X⁰ arrondissement : *Saint-Laurent*, boulevard Magenta et rue du faubourg Saint-Martin ; *Saint-Joseph*, rue Corbeau ; *Saint-Vincent de Paul*, place Lafayette. — XI⁰ arrondissement : *Saint-Ambroise*, boulevard Voltaire et rue Saint-Ambroise ; *Sainte-Marguerite*, rue Saint-Bernard ; *l'Immaculée-Conception*, place du Trône. — XII⁰ arrondissement : *Saint-Antoine*, rue de Charenton ; *Saint-Éloi*, rue de Reuilly ; *Notre-Dame de Bercy*, rue de la Nativité. — XIII⁰ arrondissement : *Notre-Dame de la Gare*, place Jeanne-d'Arc; *Saint-Marcel*, boulevard de l'Hôpital; *Saint-Marcel de la Maison-Blanche*, avenue d'Italie. — XIVe arrondissement : *Saint-Pierre de Montrouge*, angle des avenues du Maine et d'Orléans, carrefour des Quatre-Chemins; *Saint-Médard de Plaisance*, rue Saint-Médard. — XVe arrondissement : *Saint-Jean-Baptiste de Grenelle*, rue des Entrepreneurs; *Saint-Lambert de Vaugirard*, rue Gerbert. — XVIe arrondissement: *Saint-Ferdinand des Ternes*, rue d'Armaillé; *Saint-Pierre de Chaillot*, rue de Chaillot; *Saint-Honoré,* place d'Eylau; l'*Annonciation de Passy*, place de l'Annonciation; *Notre-Dame d'Auteuil*, place d'Auteuil. — XVIIe arrondissement : *Sainte-Marie des Batignolles*, rue des Batignolles; *Saint-Michel*, rue Saint-Jean. — XVIIIe arrondissement : *Notre-Dame de Clignancourt*, rue Ordener; *Saint-Bernard de la Chapelle*, rue Affre; *Saint-Pierre de Montmartre*, rue Saint-Éleuthère ; *Église du Sacré-Cœur*, buttes Montmartre (en construction). — XIXe arrondissement : *Saint-Jacques et Saint-Christophe*, rue de Crimée (La Villette). — XXe arrondissement : *Notre-Dame de la Croix*, place Ménilmontant; *Saint-Germain de Charonne*, place Saint-Blaise; *Saint-Jean-Baptiste de Belleville*, rue Lassus.

CHAPELLES. — Il existe, en outre, à Paris, un assez grand nombre de chapelles dont plusieurs même dépassent en importance quelques-unes des églises que nous venons de citer. En premier lieu, la *Sainte-Chapelle*, au Palais de Justice, chef-d'œuvre du XIIIe siècle qui a échappé comme par miracle aux incendies de la Commune; puis, la *Chapelle des Dominicains*, rue Jean-de-Beauvais (XIVe siècle); la *Chapelle Beaujon*, faubourg Saint-Honoré; le *Jésus*, rue de Sèvres, bâti par les Jésuites; l'*Église Saint-Julien le Pauvre*, (XIIe siècle), rue du même nom (ancienne chapelle de l'Hôtel-Dieu); *Notre-Dame des Carmélites*, rues d'Enfer et du Val-de-Grâce; l'*Église du Val-de-Grâce*, à l'Hôpital militaire du même nom, rue Saint-Jacques; *Saint-Thomas de Villeneuve*, chapelle du couvent du même nom, rue de Sèvres; *Notre-Dame des Oiseaux*, rue de Sèvres, chapelle du couvent; *Chapelle de la Sorbonne*, à la Sorbonne; les *Lazaristes*, rue de Sèvres; *Saint-Joseph des Allemands*, rue Lafayette; *Saint-Joseph des Carmes*, rue de Vaugirard, etc. Citons encore la *Chapelle expiatoire*, élevée en 1820 à la mémoire de Louis XVI et de Marie-Antoinette, rue d'Anjou et boulevard Haussmann, et la *Chapelle Saint-Ferdinand*, élevée à la mémoire du duc d'Orléans, sur l'emplacement de la maison où il mourut victime d'un accident de voiture, le 13 juillet 1842, route de la Révolte, 10, près la porte Maillot (Neuilly).

CULTES CATHOLIQUES DISSIDENTS. — L'*Église arménienne* (rite oriental), rue de Monsieur. — L'*Église russe*, rue Daru, près le parc Monceaux (style gréco-russe); la *Chapelle roumaine*, rue Racine; la *Chapelle de l'Ambassade de Russie*, rue de la Fraternité.

ÉGLISES ANGLICANES. — L'*Église épiscopale*, rue d'Aguesseau; la *Chapelle de la Madeleine*, rue du même nom; *Chapelle Marbœuf*, avenue du même nom (Champs-Élysées); *Chapelle de l'ambassade britannique*, faubourg Saint-Honoré, 39.

ÉGLISES CALVINISTES. — L'*Oratoire*, rue Saint-Honoré, 157; l'*Église de la Visitation*, rue Saint-Antoine, près de la place de la Bastille; l'*Église de Pentémont*, rue de Grenelle 106.

ÉGLISES LUTHÉRIENNES. — L'*Église évangélique de la Rédemption*, rue Chauchat, derrière l'Hôtel des ventes; l'*Église des Billettes* ou *des Carmes*, rue des Billettes; l'*Église évangélique de l'Étoile*, le plus vaste temple protestant de Paris après l'Oratoire, avenue de la Grande-

Armée ; la *Chapelle Taitbout*, rue de Provence ; la *Chapelle du Saint-Esprit*, rue Roquépine ; la *Chapelle Wesleyenne*, également rue Roquépine, en face de l'autre ; l'*Église réformée*, rue des Petits-Hôtels ; la *Chapelle évangélique* et la *Chapelle baptiste*, rue de Lille ; l'*Église des Suisses*, rue Saint-Honoré, près la rue Royale ; l'*Église des frères Moraves*, rue de Miromesnil.

Culte israélite. — La *Synagogue de la rue de la Victoire*, inaugurée en 1874 ; la *Synagogue de la rue Notre-Dame de Nazareth* ; la *Synagogue de la rue des Tournelles* et la *Synagogue de la rue de Buffault* (1878).

Culte musulman. — Le culte musulman n'a d'autre temple à Paris jusqu'ici qu'une petite *mosquée* élevée dans le cimetière musulman réservé, au cimetière du Père-Lachaise.

Visite aux édifices des différents cultes.

Quelques églises catholiques ferment leurs portes en tout temps à cinq heures du soir, mais la plupart restent ouvertes jusqu'à la nuit ; s'il y a *salut* ou quelque autre cérémonie du soir, naturellement elles sont ouvertes pendant le temps de la cérémonie. Les temples protestants sont ouverts à tout venant pendant les heures du service ; en dehors de ces heures, on peut les visiter en s'adressant au concierge. L'église russe est ouverte toute la journée depuis onze heures. Pour visiter les synagogues, s'adresser aux concierges.

Notre-Dame est ouverte toute la journée ; le trésor est visible les jours non fériés de dix heures à quatre heures ; le chœur et les chapelles, les mêmes jours, avant dix heures du matin (s'adresser au suisse ou à l'un des sacristains, prix, 50 c.); l'entrée des Tours est dans la tour du nord, à gauche : 20 c. par personne, 20 c. en plus pour voir le bourdon et la cloche de Sébastopol (sonner à la porte de cette tour nord portant d'ailleurs l'indication nécessaire).

La *Sainte-Chapelle* est visible tous les jours, lundis et vendredis exceptés, de midi à quatre heures.

L'Eglise Sainte-Geneviève fut longtemps appelée *Palais du Panthéon*, en vertu du décret de la Constituante qui la vouait à la sépulture des grands hommes, comme en témoigne l'inscription qu'on lit encore au fronton : *Aux grands hommes la patrie reconnaissante.* Rendue au culte, en 1851, elle reprit le nom d'église Sainte-Geneviève sans cesser, pour beaucoup, d'être le *Panthéon*. Caveaux renfermant les tombeaux de *Soufflot*, son architecte, de *Voltaire*, de *Rousseau*, de *Bougainville*, de *Lagrange*, du maréchal *Lannes*, etc. — De dix heures et demie à cinq heures, le public est admis à visiter les caveaux (50 c. pourboire), et aussi à monter au dôme (même rétribution).

Saint-Sulpice. — Les tours de l'église Saint-Sulpice sont ouvertes au public (20 c. par personne); l'entrée se trouve dans la tour qui fait l'angle de la rue et de la place Saint-Sulpice.

Sorbonne. — L'église de la Sorbonne, en dehors des offices, est ouverte le matin jusqu'à neuf heures et de une heure à trois heures. *Cénotaphe du duc de Richelieu*, dans une chapelle, à droite du chœur (pourboire au gardien pour l'examiner de près).

Chapelle Saint-Ferdinand. — Pour visiter, s'adresser au gardien (pourboire).

PALAIS, ÉDIFICES CIVILS, ET MAISONS HISTORIQUES

Hotel de Ville. — Reconstruit par M. Ballu et Deperthes sur le plan de l'édifice, si remarquable extérieurement, incendié en mai 1871, l'Hôtel de Ville actuel présente une façade principale peu différente de l'ancienne. A l'intérieur, au contraire, d'importantes et utiles modifications ont été faites, telles que la construction d'une galerie extérieure au Salon des fêtes, un aménagement plus rationnel des bureaux de l'administration, un perfectionnement bien nécessaire au système de chauffage et de ventilation. En outre, l'édifice a été exhaussé. — Peu de chose a pu échapper à l'incendie; les voûtes et les piliers de la salle Saint-Jean qu'on avait cru pouvoir conserver durent être démolis; on a retiré des décombres quelques statues intactes ou à peu près, mais les décorations intérieures, la bibliothèque, les plans, cartes et collections ont été entièrement détruits. (Voyez Musée municipal.)

Louvre. — Dans la cour intérieure, on a tracé sur le pavé, lors des travaux de 1868, le plan du Louvre de Philippe-Auguste dont les vestiges avaient été retrouvés et reconnus dans des fouilles exécutées à cette époque. Sur l'emplacement de cette vieille forteresse, François Ier fit commencer le Louvre actuel en 1541, par P. Lescot. Continué ou restauré sous les règnes suivants, y compris celui de Napoléon Ier, il fut achevé, pour mieux dire, relié aux Tuileries, par MM. Lefuel et Visconti, sous Napoléon III, de 1852 à 1857. — Visiter la *Colonnade*, place du Louvre, en face de l'église Saint-Germain-l'Auxerrois et de la mairie du Ier arrondissement, œuvre de Claude Perrault, sculptures de Lemot et Cartelier; la *Galerie du bord de l'eau*, restaurée en 1850-53, sculptures de M. Duban; la *Façade* de la rue de Rivoli, par Levau et Lemercier (anc. Louvre); la *Cour intérieure*, merveille d'architecture d'âges divers; les *Pavillons*, les *Musées*. (Voir Musées.) On se rend de la Cour du Louvre au *Square du Louvre* (ci-devant *Place Napoléon III*), entouré par les constructions du nouveau Louvre au sud et au nord, et par la place du Carrousel à l'ouest, en traversant le pavillon de l'Horloge; six pavillons richement ornés; au-dessus de la corniche, galerie de quatre-vingt-six statues colossales de Français illustres dans les lettres, les arts et les sciences.

Statues des généraux illustres de l'empire, sur la façade de la rue de Rivoli. — La bibliothèque du Louvre a été détruite dans les incendies de mai 1871.

Tuileries. — Le palais des Tuileries, incendié sous la Commune, n'a pas été reconstruit, sauf toutefois l'aile faisant bordure à la rue de Rivoli et construite sous l'empire, en somme ne faisant point partie du palais proprement dit. (Voir Jardins.)

Luxembourg. — Construit par Jacques Desbrosses, sur le modèle du palais Pitti, à Florence, de 1615 à 1620, pour Marie de Médicis. Il occupe l'emplacement d'un hôtel appartenant au duc de Luxembourg, de sorte qu'après s'être appelé d'abord Palais de Médicis, il ne tarda pas à reprendre son nom ancien et actuel. Ce palais a reçu depuis de nombreuses additions et des locataires bien différents : après les princes, le Directoire, les Consuls, le Sénat du premier empire, les Pairs des deux dynasties royales, de nouveau le Sénat impérial, et enfin la Préfecture de la Seine et le Conseil municipal de Paris. — Le *Petit Luxembourg* est contigu et a été affecté à l'habitation du Préfet. — Nous avons parlé ailleurs du *Jardin* et du *Musée*.

Palais-Royal. — Construit pour le cardinal de Richelieu, par Lemercier, en 1634, d'où il porta d'abord le nom de *Palais Cardinal*. Il devint, avant la Révolution, l'habitation du duc d'Orléans, depuis Philippe-Égalité, qui autorisa la construction de « galeries de bois, » lesquelles se sont transformées depuis et constituent, autour du jardin, une très-agréable promenade couverte, brillamment illuminée le soir et offrant toute sorte d'abris élégants, restaurants et cafés, théâtres, sans parler des marchands de diamants et de bijoux, vrais et faux, des marchands de décorations, des libraires, etc., qui vous tendent les bras. La *Galerie vitrée* ou *Galerie d'Orléans*, qui rivalise avec les plus beaux passages de Paris, si elle ne les surpasse, fut construite en 1829. — Quant au palais proprement dit, demeure officielle du prince Napoléon, cousin de Napoléon III, sous l'empire, incendié en mai 1871 et restauré depuis, il sert aujourd'hui de palais du Conseil d'État, et ne peut en conséquence être visité.

Elysée, faubourg Saint-Honoré et avenue Gabriel, 55 (Champs-Elysées). — Construit pour le comte d'Evreux, par Molet, en 1718, restauré sous Napoléon Ier et sous Napoléon III, il fut habité par Louis XV, Mme de Pompadour, Napoléon Ier, Murat, la duchesse de Berry, Louis-Napoléon, président de la République, Thiers et le maréchal de Mac-Mahon. C'est à l'Elysée que fut signée la seconde abdication de Napoléon Ier et comploté le coup d'Etat du 2 décembre 1851.

Palais-Bourbon (ancien Palais du Corps législatif), rue de l'Université et quai d'Orsay, en face du pont de la Concorde. — Construit en 1722 pour la duchesse de Bourbon, par Gardini, et agrandi par Poyet en 1804-07. Façade du quai : péristyle formé de douze colonnes corinthiennes; perron décoré des statues colossales de *Minerve* et de *Thémis*; statues colossales assises de *d'Aguesseau, Colbert, Sully* et *L'Hospital*; bas-reliefs, etc. A l'intérieur : *salle des séances du Corps législatif, salle des distributions, salle du Trône, salle des conférences, Bibliothèque*, etc. — N'est plus accessible au public depuis la translation à Versailles des pouvoirs publics. — Près du palais, rue de l'Université, 128, s'élève l'ancien *Hôtel de la Présidence*.

Palais de Justice, boulevard du Palais, quais de l'Horloge et des Orfévres. — Ancienne résidence des rois de France, jusqu'à François Ier, il reste encore de ce vieux châ-

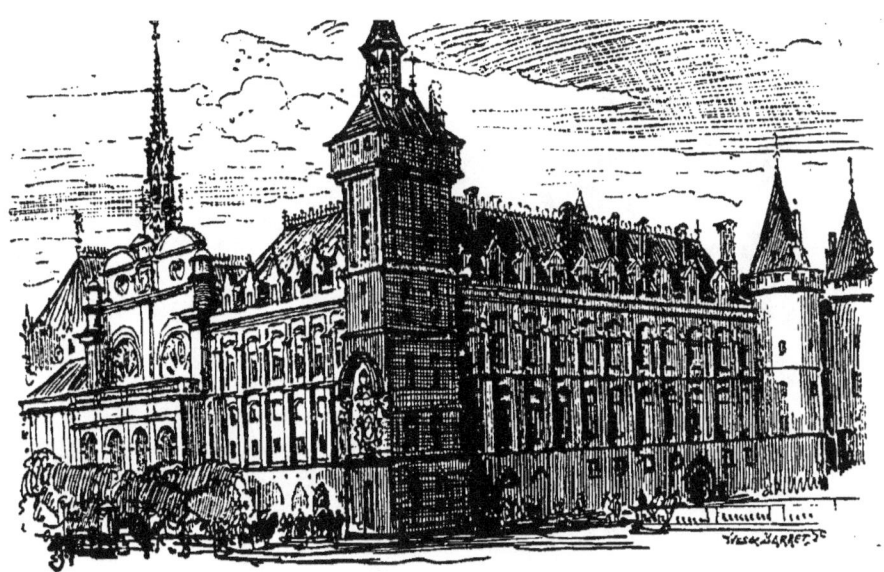

Le Palais de Justice.

teau royal la *tour de l'Horloge* et les deux autres tours sur le quai, mais non pas dans leur état primitif, la *galerie* et les *cuisines de saint Louis*, la *Sainte-Chapelle*. (Voir Eglises, etc.). La *Préfecture de police* (transférée boulevard du Palais, nº 7), et la *Conciergerie*, quai de l'Horloge, sont comme les annexes du Palais de Justice proprement dit. — L'entrée sur le boulevard du Palais, précédée d'une large cour, fermée par une grille splendide, donne accès par un grand escalier de pierre au vestibule ; en face, la Cour d'appel et la galerie des prisonniers ; à droite, l'ancienne salle des Pas-perdus. Du côté de la place Dauphine, entrée magnifique, œuvre de M. Duc (prix de 100,000 francs en 1869) : nouvelle salle des Pas-perdus, vestibule des salles de la Cour d'assises auxquelles donne accès un escalier monumental, au milieu de la salle, à droite, corridor des cabinets des juges d'instruction et des chambres correctionnelles, cour de la Sainte-Chapelle. La Cour de cassation a pris, à la fin de 1877, possession des locaux qui lui sont affectés dans cette partie du Palais. Incendié en partie sous la Commune, le Palais de Justice a subi des travaux de réparation aujourd'hui terminés tout juste. — Ouvert tous les jours non fériés. Pour visiter les *cuisines de saint Louis* (Conciergerie), permission du préfet de police ou passeport.

Tribunal de Commerce, boulevard du Palais, en face le Palais de Justice. — Œuvre de M. Bailly. Entrée principale, quai de la Cité, deux autres entrées boulevard du Palais et rue du Marché-aux-Fleurs. — Audiences : mardi, jeudi et vendredi, à 10 heures; audience du grand rôle, lundi, à 11 heures.

Institut, quai Conti, en face du pont des Arts. — Ancien *Collège des Quatre Nations*, construit sur les dessins de Levau, en 1662, sur l'emplacement, ou à peu près, de la célèbre Tour de Nesle, en vertu du testament du cardinal de Mazarin. Façade et dôme, tout récemment restaurés; salle des séances solennelles, chapelle, bibliothèque. — Palais ouvert au public tous les jours non fériés, de 11 heures à 1 heure. (Voir Bibliothèques.)

Invalides. — L'*Hôtel* ou *Palais des Invalides*, fondé par Louis XIV, restauré par les deux Napoléon, est le dernier abri des soldats mutilés ou vieillis, incapables de se soigner eux-mêmes ou de vivre de leur maigre pension de réforme et qui en font l'abandon pour y être admis. — *Église Saint-Louis*, sépulture des maréchaux et *Dôme*, redoré tout récemment, construit par J.-H. Mansard; *bibliothèque, tombeau de Napoléon I*er, *musée d'artillerie, cuisines, réfectoires* et *dortoirs* des invalides. Dans les galeries de la cour d'honneur *peintures murales* de Bénédict Masson. — Le tombeau de Napoléon et le dôme (entrée, place Vauban), ouverts au public les lundis, mardis, jeudis et vendredis, de midi à 3 heures; les autres jours il faut une permission du gouverneur, et la visite a lieu de 1 heure à 4 heures. Pour visiter l'Hôtel même, cuisines, réfectoires, etc., permission du gouverneur ou *passe-port*, tous les jours non fériés, de 1 heure à 5 heures. Messe en musique militaire le dimanche à midi, à l'église Saint-Louis. (Voir Musées.)

Légion-d'Honneur, rue de Lille, quai d'Orsay. — Ancien hôtel du prince de Salm, bâti par Rousseau, en 1786, détruit par le feu sous la Commune et réédifié au moyen d'une souscription recueillie parmi les légionnaires seuls. — Le palais de la Légion-d'Honneur n'est pas ouvert au public.

Archevêché, rue de Grenelle-Saint-Germain, 127. — Ancien hôtel Duchâtelet (xviie siècle).

Bourse, place du même nom, rues Vivienne et Notre-Dame-des-Victoires. — Œuvre de

Brongniart et de Labarre (1808-26). Péristyle corinthien de soixante-six colonnes, formant galerie couverte tout autour. Aux angles du monument, statues colossales : le *Commerce* et la *Justice consulaire* à l'ouest, l'*Agriculture* et l'*Industrie* à l'est. Square entouré d'une grille. A l'intérieur, salle du rez-de-chaussée destinée au *marché*, au fond le parquet et la *corbeille*. Deux étages de galeries à arcades, bureaux divers. — La Bourse est ouverte au public tous les jours non fériés, de midi à 3 heures. De 3 heures à 5, elle est ouverte pour les opérations de commerce les plus variées.

Palais Pompéien, rue Montaigne, 27, (Champs-Élysées). — Bâti pour le prince Napoléon, par M. Normand, sur le modèle des palais découverts à Pompéi, avec abondance de décorations sculptées et peintes à l'intérieur et à l'extérieur; le palais, propriété privée, ne peut être visité, mais il mérite pourtant d'être vu dans ce qu'il montre au dehors. Nous le signalons donc au passant curieux.

Ceci nous servira de transition pour passer des palais et édifices remarquables aux simples hôtels ou maisons ayant un caractère historique et une valeur artistique sérieuse :

Hotel Carnavalet, à l'angle des rues Sévigné et des Francs-Bourgeois. — Bâti vers le milieu du xvɪe siècle. P. Lescot, Ducerceau et Mansart y travaillèrent; sculptures de Jean Goujon. Cet hôtel, qui doit son nom à Françoise de la Beaune, dame de Carnavalet, qui l'acheta en 1578, fut habité avant elle par le président de Ligneris, et après, par Mme de Sévigné. Restauré dans ces derniers temps, on y a installé le *Musée municipal* (voir Musées, etc.)

Hotel d'Albret ou de Gabrielle d'Estrées, rue des Francs-Bourgeois, 14 (Renaissance). — Hotel Barbette, angle des rues Vieille-du-Temple et des Francs-Bourgeois. — Hotel de Béthune, bâti pour Maximilien de *Béthune*, duc de Sully (xvɪe siècle), rue Saint-Antoine. — Hotel de Biron (xvɪɪɪe siècle), rue de Varennes, 77. — Hotel de Bourgogne, (xɪɪɪe siècle), rue Tiquetonne. — Hotel de Chalons (xvɪɪe siècle), rue Geoffroy-l'Asnier. — Hotel de Hollande (xvɪɪe siècle), rue Vieille-du-Temple, 47. — Hotel de Juigné (École centrale des Arts et Manufactures). — Hôtel de Bouillon (xvɪɪɪe siècle), quai Malaquais, 17. — Hotel Lambert (xvɪɪe siècle), rue Saint-Louis-en-l'Ile, 2. — Hotel Lamoignon (xvɪe siècle), rue Pavée, 24. — Hôtel de Lauzun (xvɪɪe siècle), quai d'Anjou

17. — Hotel de Luynes (xviie siècle), rue Saint-Dominique, 33. — Hotel de Montmorency (xviiie siècle), rue de Lille, 90. — Hotel de Nesmond (xvie siècle), quai de la Tournelle, 55. — Hotel d'Ormesson (xvie siècle), rue Saint-Antoine, 212. — Hotel d'Orsay (xviiie siècle), rue de Varennes, 69. — Hotel de la duchesse de Savoie (xviiie siècle), rue Garancière, 8. — Hotel de Saint-Aignan (xviie siècle), rue du Temple, 71. — Hotel de Sens (xve siècle), rue du Figuier, 1. — La Maison de François Ier (xvie siècle), angle du cours la Reine et de la rue Bayard, où elle a été apportée de Moret, littéralement par morceaux, en 1823. — Citons encore, comme demeure historique, quoique toute neuve, l'Hotel Thiers, place Saint-Georges, 27, réédifié sur les ruines de l'hôtel du célèbre homme d'Etat, démoli par ordre de la Commune, en mai 1871. D'autres maisons de Paris mériteraient une mention sans doute, mais force est de nous borner.

CABINETS DE LECTURE

Paris abonde en cabinets de lecture, mais ceux qui ont une véritable valeur sont en somme peu nombreux, et on peut en outre les diviser en deux catégories distinctes : 1º les cabinets littéraires de publicité universelle qui, sans négliger le côté bibliographique sérieux, offrent à leur public les journaux, les revues, les publications d'actualité des deux mondes et sont en somme établis pour cela ; 2º les cabinets littéraires qui, bien qu'abondamment pourvus de journaux et de publications périodiques variées, s'attachent surtout aux publications littéraires et scientifiques sérieuses et possèdent un fonds considérable d'ouvrages de médecine, de droit, de science pure ou appliquée, de critique, d'histoire, etc., souvent même des ouvrages rares et précieux, mine inépuisable au service des personnes studieuses qui en profitent avidement en dehors des heures d'ouverture des bibliothèques publiques ou lorsqu'elles n'ont qu'une heure à consacrer à l'étude en passant.

Ces derniers sont principalement, et pour cause, établis dans le quartier des Écoles : cour du Commerce (rue Saint-André-des-Arts), rue Soufflot, rue Voltaire et rue des Saints-Pères. Les autres sont disséminés un peu partout dans les quartiers riches et actifs ; les principaux sont : le cabinet littéraire du passage de l'Opéra (galerie du Baromètre) ; celui du boulevard Montmartre, 12, entrée, passage Jouffroy; les salons Galignani, rue de Rivoli, 224. Nous pouvons citer encore les cabinets de lecture du passage des Panoramas (galerie des Variétés), celui de la rue Méhul, près le Théâtre-Italien, etc.

Le Courrier. — Dans une ville affairée comme l'est Paris, l'homme actif ne sait pas toujours où il déjeunera; il sait encore moins, s'il est possible, où, l'heure venue, il fera son courrier du soir. Il peut le faire dans un cabinet de lecture; il y peut écrire toute la journée aussi bien que lire.

Plusieurs de ces établissements, notamment celui du passage Jouffroy, ont un cabinet spécial pour les fumeurs.

LES JOURNAUX DE PARIS

On sera bien aise de trouver ici une liste complète des journaux politiques quotidiens de Paris, vendus sur la voie publique, avec l'indication de leur couleur politique, du prix du numéro et de la date de leur fondation. Non seulement à l'étranger, mais dans beaucoup de petites villes de province, sans parler des villages, la majorité des journaux de Paris ne parviennent que rarement et avec les plus grandes difficultés, et il n'est pas douteux que le voyageur intelligent qui vient visiter Paris ne désire se rendre un compte exact de l'esprit public qui y règne et des opinions exposées dans une presse qu'il ne connaît pas. Nous croyons donc lui rendre un service réel en rédigeant pour lui cette liste qu'il ne trouvera nulle part ailleurs, comme beaucoup des renseignements vraiment pratiques contenus dans notre *Guide*.

Quant à la date de la fondation de ces journaux, il ne faut y voir qu'une simple curiosité historique qui a bien son prix, et une preuve du souci que nous prenons de rendre nos informations intéressantes.

JOURNAUX DU MATIN.
Grand format.

Titre des journaux.	Couleur politique (1)	Prix du numéro.	Date de fondation
		c.	
Journal des Débats.......	R. M.	20	1789
Constitutionnel............	C.	15	1815
Siècle......................	R.	15	1836
Monde	Cl.	15	1860
Figaro......................	M.	15	1866
Gaulois.....................	B.	15	1868
Paris-Journal	B.	15	1868
Journal officiel............		20	1869
Rappel.....................	R. R.	10	1869
République française.....	R. R.	15	1871
XIXe Siècle................	R.	15	1871
Evénement.................	R.	15	1872
Soleil.......................	M.	05	1873
Droits de l'Homme........	R. R	10	1878
Marseillaise................	R. R.	10	1878

Petit format.

Petit Journal...............	R.	05	1863
Petit Moniteur.............	C.	05	1864
Petite Presse..............	C.	05	1865
Petit National.............	R.	05	1870
Petit Parisien	R. M.	05	1876
Petit Caporal	B.	05	1876
Petite République franç.	R. R.	05	1876
Lanterne....................	R. R.	05	1877
Nouveau Journal..........	R.	05	1877
Réveil......................	R. R	05	1877

(1) ABRÉVIATIONS : R., républicain; R. M., républicain modéré; R. R., républicain radical; C., conservateur sans nuance définie; Cl., clérical; M., monarchiste; B., bonapartiste.

JOURNAUX DU SOIR.
Grand format.

Titre des journaux.	Couleur politique (1)	Prix du numéro.	Date de fondation.
		c.	
Gazette de France	M.	15	1631
Moniteur Universel	C.	15	1789
Univers	Cl.	15	1836
Presse	R. M.	15	1836
Patrie	B.	15	1841
Union	M. Cl.	15	1847
Pays	B.	15	1849
Temps	R. M.	15	1861
France	R.	10	1862
Liberté	B.	10	1865
National	R.	10	1869
Français	M.	15	1869
Soir	C.	15	1870
Ordre	B.	15	1871
Bien public	R. R.	10	1871
Défense sociale et relig.	Cl.	15	1875
Estafette	B.	10	1876
Télégraphe	R.	10	1877
Assemblée nationale	M.	10	1877

Petit format.

Charivari, satiriq. illustré.	R.	15	1832
Bulletin français (officiel).		05	1869
France nouvelle	Cl.	05	1870
Républicain	R. R.	05	1877

Nous nous sommes appliqué, dans ce tableau, à indiquer surtout les journaux faciles à se procurer auprès du premier marchand venu. On ne peut attendre de nous, en effet, que nous passions en revue *tous* les journaux de Paris, quotidiens ou périodiques, dont beaucoup, d'ailleurs, ne font pas un grand étalage sur la voie publique, mais qu'on peut lire dans les principaux cabinets de lecture.

Quelques journaux spéciaux quotidiens, tels que : le *Droit* et la *Gazette des Tribunaux*, feuilles judiciaires qui ont une nuance politique, libérale pour le premier, conservatrice pour le second ; le *Messager de Paris*, financier avant d'être politique de la nuance monarchiste-libérale, se trouvent dans la plupart des *kiosques* des boulevards et des promenades publiques, et dans les gares.

Ajoutons encore les principaux journaux étrangers publiés à Paris :

Le *Galignani's Messenger*, organe anglais quotidien du Continent, fondé en 1814 par le père du propriétaire actuel, 40 c. le numéro.

L'*American Register*, journal américain (républicain), hebdomadaire, paraissant le samedi, 30 c. le numéro.

L'*Advertiser*, journal américain, hebdomadaire, 20 c.

Le *Correo de Ultramar*, hispano-américain,

paraît trois fois par mois et se vend peu sur la voie publique.

Les kiosques des boulevards des Capucines, des Italiens et Montmartre sont en outre abondamment pourvus des journaux politiques (éditions d'outre-mer) et des magazines illustrés en renom des deux Amériques et de l'Australie, des journaux et magazines anglais, italiens, allemands, austro-hongrois, magyares, belges, hollandais, italiens, espagnols, etc., etc., sans parler de nos grands journaux illustrés, scientifiques ou littéraires.

Nos grandes revues, comme nos journaux spéciaux hebdomadaires, se vendent plutôt chez les libraires ; mais tous les cabinets de lecture les tiennent à la disposition du public, et c'est, croyons-nous, la seule indication vraiment utile, en ce qui les concerne, que nous puissions donner à nos lecteurs.

THÉÂTRES, SPECTACLES DIVERS, CONCERTS, CAFÉS-CONCERTS ET BALS.

Les Théâtres

Les jours de représentation à l'Opéra sont le lundi, le mercredi, le vendredi et quelquefois le samedi (cinq représentations par semaine, pendant l'Exposition). Les autres théâtres jouent chaque soir, sauf le Théâtre-Italien, dont il est toujours prudent de consulter l'affiche. En outre, beaucoup de théâtres ont pris, depuis quelques années, l'habitude de donner le dimanche des matinées littéraires à prix réduit. Enfin beaucoup sont fermés de juin à septembre, soit par habitude, soit faute de spectateurs. — Les théâtres ouvrent généralement leurs portes de 6 heures 1/2 à 7 heures 1/2 pour commencer les représentations de 7 à 8 heures. Les personnes qui ont, dans la journée (de midi à 5 heures), pris leur billet au bureau de location du théâtre ou aux *offices* spéciaux établis place de l'Opéra (Grand Hôtel) et boulevard des Italiens, 15, entrent immédiatement; les autres font *queue*, puisqu'on n'a pas encore trouvé le moyen d'éviter au public ce martyre ridicule. Les billets pris en location se payent 1 à 2 fr.

Le nouvel Opéra.

de plus que ceux pris le soir au bureau ; mais à l'*Office des Théâtres*, qui est une véritable *Bourse*, la vogue influe considérablement sur le cours des billets. A l'office comme au bureau de location, on choisit sa place à l'aide d'un plan en relief figurant toutes les places numérotées ; au bureau, on reçoit un *ticket* pour une place quelconque, mais comme elle se trouve. On y apprend naturellement la composition du spectacle du soir, si on l'ignorait avant ; on peut d'ailleurs l'apprendre par les journaux, et plus sûrement encore par les affiches placardées un peu partout, principalement autour des colonnes cylindriques rangées des deux côtés des grands boulevards à des distances rapprochées et qui sont éclairées quand vient la nuit.

Quant aux prix des places, nous en donnons un tableau aussi complet que possible, bien que la liberté des théâtres fasse subir à ce tarif des variations parfois assez sensibles dont on ne peut être instruit qu'au moment même.

On appelle *théâtres nationaux* ceux qui reçoivent une subvention de l'État. Ce sont l'Opéra, le Théâtre-Français, l'Opéra-Comique, le Théâtre-Lyrique et l'Odéon. Tous les autres, depuis le plus important jusqu'au dernier théâtricule éclos à la faveur de la liberté, s'appellent comme ils peuvent et vivent de leurs seules ressources.

PRIX DES PLACES A TOUS LES THÉATRES.

DÉSIGNATION DES PLACES.	Opéra.		Théâtre-Français.		Opéra-Comique.		Odéon.		Italiens.		Théâtre-Lyrique.		Vaudeville.		Gymnase.		Variétés.		Palais-Royal.		Théâtre du Châtelet.		Porte St-Martin.		Ambigu-Comique.		Gaîté.		Folies-Dramatiques.		Cluny.		Renaissance.	
	f.	c.	f.	c.	f.	c.	f.	c.	f.	c.	f.	c.	f.	c.	f.	c.	f.	c.	f.	c.	f.	c.	f.	c.	f.	c.	f.	c.	f.	c.	f.	c.	f.	c.
Av.-sc. de rez-de-ch.	20	»	9	»	7	»	6	»	11	»	8	»	6	»	6	»	6	»	6	»	6	»	6	»	6	»	6	»	4	»	5	»	4	»
Av.-sc. du foyer....	18	»	»	»	7	»	7	»	»	»	8	»	6	»	6	»	6	»	»	»	6	»	6	»	»	»	6	»	3	»	5	»	6	»
Fauteuils du balcon.	15	»	6	60	6	50	3	»	»	»	6	»	5	»	5	»	5	»	5	»	5	»	5	»	4	»	»	»	3	»	1	50	5	»
Premières de face..	12	»	6	60	6	»	6	»	11	»	6	»	»	»	6	»	5	»	5	»	»	»	4	»	4	»	»	»	2	50	»	»	»	»
Premières de côté..	»	»	»	»	5	»	3	»	»	»	»	»	»	»	»	»	»	»	2	50	»	»	»	»	»	»	»	»	»	»	»	»	»	»
Loges de la galerie.	»	»	6	60	6	»	3	»	»	»	»	»	»	»	»	»	2	50	5	»	6	»	5	»	6	»	6	»	»	»	6	»	3	»
Deuxièmes de face..	»	»	6	»	5	»	2	»	9	»	5	»	4	»	4	»	»	»	4	»	»	»	»	»	»	»	»	»	»	»	»	»	»	»
Deuxièmes de côté..	»	»	4	»	4	»	»	»	»	»	9	»	3	»	3	»	3	»	»	»	»	»	»	»	»	»	»	»	»	»	»	»	4	»
Première galerie...	»	»	5	»	»	»	»	»	»	»	4	»	»	»	»	»	»	»	5	»	3	»	2	50	»	»	5	»	»	»	»	»	»	»
Fauteuils d'orchest.	10	»	5	»	»	»	»	»	»	»	6	»	»	»	»	»	»	»	5	»	5	»	4	»	4	»	5	»	»	»	3	»	6	»
Stalles d'orchestre.	15	»	»	»	4	»	3	»	11	»	»	»	5	»	5	»	»	»	»	»	4	»	3	»	3	»	3	»	»	»	2	»	3	»
Stalles de galerie..	»	»	»	»	»	»	2	50	»	»	3	»	»	»	5	»	»	»	»	»	3	»	2	50	2	»	2	50	1	50	»	»	»	»
Stalles de balcon..	10	»	»	»	»	»	3	»	11	»	2	50	»	»	»	»	2	50	5	»	4	»	5	»	3	»	»	»	2	»	»	»	3	»
Baignoires de face.	10	»	»	»	6	»	3	»	»	»	6	»	5	»	4	»	»	»	»	»	4	»	5	»	2	50	4	»	»	»	»	»	5	»
Baignoires de côté.	14	»	»	»	»	»	»	»	»	»	»	»	4	»	»	»	»	»	»	»	»	»	»	»	»	»	»	»	»	»	4	»	4	»
Premier amphith...	15	»	»	»	»	»	»	75	»	»	»	»	»	»	2	50	1	50	2	50	2	»	»	»	»	»	»	75	»	»	»	»	»	»
Deuxième galerie...	»	»	»	»	4	»	1	50	»	»	»	»	»	»	2	»	»	»	1	»	1	»	1	50	3	»	1	»	3	»	3	»	»	»
Troisièmes de face.	12	»	»	»	2	»	»	»	5	»	2	50	2	50	2	»	2	»	»	»	»	»	»	»	»	»	»	»	»	»	»	»	»	»
Troisièmes de côté.	10	»	»	»	1	50	1	»	5	»	2	»	2	»	2	»	»	»	»	»	»	»	»	75	2	50	»	»	»	»	»	»	»	»
Troisième galerie..	»	1	50	»	»	1	»	1	»	5	»	2	»	2	50	»	»	2	»	2	»	»	75	2	»	1	»	1	25	»	75	2	50	1	»

Opéra. — C'est en 1861 qu'au concours ouvert pour la construction d'une nouvelle salle d'opéra à Paris, le plan de M. Charles Garnier fut adopté par le jury *à l'unanimité*. Les travaux commencèrent en 1863 et, repris après une longue suspension dont la date (1870-1871) indique la cause, ils ne furent terminés que vers la fin de 1874. Dans l'intervalle, en octobre 1873, un incendie faisait en quelques heures un petit tas de décombres de la vieille salle de la rue Le Peletier, et l'opéra se soutenait péniblement au Théâtre-Italien, pendant plus d'un an, à l'aide d'un stock assez maigre de décors et de costumes. La nouvelle salle fut inaugurée le 5 janvier 1875.

Le nouvel Opéra s'élève isolé, peut-être pas assez pour sa masse, entre le boulevard Haussmann et le boulevard des Capucines, les rues Auber et Halévy, sur une surface de 11,237 m. carrés. L'avenue de l'Opéra, large voie demeurée à l'état de projet pendant quinze ans et exécutée cette année seulement (1878), relie l'Opéra au Théâtre-Français, tandis que la rue des Pyramides, prolongée d'un côté jusqu'à cette avenue, de l'autre, à travers les Tuileries, jusqu'au pont Royal, le met en communication directe avec le faubourg Saint-Germain.

Les arcades du soubassement de la façade

principale donnant accès dans la salle des Pas-perdus, sont ornées de statues allégoriques de MM. Falguière, Dubois et Vatrinelle, Aizelin, Chapu, et la façade même des groupes de la *Musique* par M. Guillaume, de la *Poésie lyrique* par M. Jouffroy, du *Drame Lyrique* par M. Perraud, et surtout celui de la *Danse* par Carpeaux, qui souleva tant d'enthousiasme et tant de colère et qu'un fanatique souilla nuitamment en brisant dessus une bouteille d'encre. Toute personne de sang-froid admirera ce chef-d'œuvre de l'artiste regretté et aura bien de la peine à s'expliquer l'inondation de bile dont il fut la cause innocente. Nous ne pouvons suivre en détail toutes les merveilles de décoration dont ce splendide monument abonde, mettant tous les arts à contribution et nageant dans un océan de couleurs et d'or: on a écrit des volumes sans épuiser le sujet. Nous signalerons toutefois à la hâte l'*Apollon* colossal de M. Millet, élevant sa lyre d'or au sommet du monument, et les *Pégases* non moins colossaux de M. Lequesne, déployant leurs ailes aux angles.

Nous nous bornerons, quant à l'intérieur, à signaler le grand escalier monumental, plafond par Pils; le grand foyer, décoré par M. Paul Baudry; le foyer de la danse, par M. G. Boulanger; la salle enfin, or et rouge,

au plafond peint sur cuivre par M. Lenepveu.
Cette salle contient 2,194 places ; on prend des
abonnements de six mois ou un an. — La scène
du nouvel Opéra a 15 m. d'ouverture.

Théâtre-Français. — Rue de Richelieu (place
du Théâtre-Français), angle de la place du Palais-Royal, construit par Lenoir en 1782, et la
façade de la place du Palais-Royal par M. Chabrol. — Dans le vestibule, statue de *Talma*, de
la *Tragédie* sous les traits de Rachel et de la
Comédie sous les traits de Mlle Mars. Au foyer
la statue de *Voltaire* par Houdon, celle de Rachel, les bustes des principaux auteurs dramatiques ; au foyer des artistes, bustes des artistes principaux de la Comédie-Française. —
Représentations tous les jours : tragédie, comédie, drame, comédie bourgeoise, voire les *pièces*
de M. A. Dumas fils. — Abonnements à l'année,
pour six mois et pour un nombre déterminé de
représentations. Vacances de juin à août.

Opéra-Comique. — Place Boïeldieu, rue Favart et rue Marivaux (boulevard des Italiens).
Cette salle a été construite en 1840 par Carpentier, sur les ruines de l'ancienne salle Favart, détruite par un incendie en 1838. Elle
ouvrit par le *Pré-aux-Clercs* d'Hérold. C'est
aujourd'hui le seul théâtre de Paris où le genre

si vraiment français de l'opéra-comique, qu'il ne faut pas confondre avec l'opérette, a été maintenu. — Représentations tous les jours. Abonnements.

Odéon (second Théâtre-Français). — Place de l'Odéon et rue de Vaugirard, ayant derrière le Jardin du Luxembourg. Salle construite en 1818-1819 sur l'emplacement de la précédente, détruite par un incendie. Une galerie cintrée entoure le théâtre, sauf du côté de la façade ; cette galerie est tout entière occupée par des libraires. — Représentations tous les jours ; vacances de juin à fin août. Tragédies, drames, comédies.

Théatre-Lyrique. — Après avoir succédé au *Théâtre-Historique* d'Alexandre Dumas père, au boulevard du Temple, le Théâtre-Lyrique fut installé place du Châtelet, dans une salle toute neuve, construite exprès pour lui, qui fut incendiée pendant la Commune, et d'où il fut chassé finalement par son ennemi juré, le Théâtre-Historique. Installé à la salle de la Gaîté, son dernier directeur, M. Albert Vizentini, renonçait officiellement à son privilége n'ayant pu obtenir une augmentation de subvention, à la fin de 1877. — La direction de ce théâtre a été reprise depuis par M. Escudier, déjà directeur du Théâtre-Italien.

Théâtre-Italien. — Place Ventadour, derrière le passage Choiseul, entre la rue Méhul et la rue Monsigny. Salle construite en 1829 pour l'Opéra-Comique, qui y resta peu de temps. On y joue les chefs-d'œuvre de l'opéra italien, ordinairement du moins, car, en 1875, la troupe Ernesto Rossi y donna des drames italiens et des traductions italiennes de Shakespeare, et on tenta à diverses reprises d'y acclimater l'opéra français, quoique sans succès. Dans ces dernières occasions, la salle était désignée sous le nom de *Théâtre Ventadour*. — Nous n'avons pas besoin de rappeler les *étoiles* qui ont brillé sur la scène de ce théâtre.

Gymnase. — Boulevard Bonne-Nouvelle. Salle construite en 1820. — Comédies et drames bourgeois, comédies-bouffes. Tous les jours.

Vaudeville. — Boulevard des Capucines, angle de la rue de la Chaussée-d'Antin. Jolie salle, pas très-grande, construite par M. Magne, en 1868; plafond décoré par M. Mazerolles; foyer magnifique, fumoirs (!). Représentations tous les jours. Comédies, vaudevilles, drames et drames lyriques même à l'occasion.

Porte-Saint-Martin. — Boulevard Saint-Martin. Salle reconstruite en 1873 sur les ruines de la précédente, incendiée pendant la Commune; ouverte au public le 28 novembre, par *Marie Tudor*, de Victor Hugo. — Sous la direction de M. Larochelle, le théâtre de la Porte-Saint-Martin est devenu l'un des plus vraiment littéraires de Paris. On y joue le grand drame historique ou bourgeois, et on y a remplacé avec avantage le *Pied de Mouton* par le *Voyage autour du monde en 80 jours*. Le public a répondu à ces efforts au delà de ce qu'il était raisonnable d'espérer, montrant ainsi qu'il n'est pas tout à fait aussi idiot que le jugent les faiseurs d'opérettes et de toutes les insanités soi-disant *bouffes* dont on le sature depuis si longtemps. — Salle bien décorée, très-confortablement établie; scène supérieurement machinée. Représentations tous les soirs.

Ambigu. — Boulevard Saint-Martin et rue de Bondy, près du Château-d'Eau, façade dirigée du côté de la Bastille. Salle construite en 1829. Drames, mélodrames, féeries. Tous les soirs.

Théatre-Historique. — Place du Châtelet. Salle construite par M. Davioud, l'un des architectes du palais du Trocadéro, en 1861-62, pour le Théâtre-Lyrique. Cette salle, incendiée sous la Commune, a été restaurée depuis et, après bien des démarches, sans parler de la tentative d'y réinstaller le Théâtre-Lyrique, a pu prendre le nom de Théâtre-Historique quand le Théâtre-Lyrique fut définitivement installé à la Gaîté. — Drame historique et bourgeois, drame du genre nouveau créé par le *Tour du monde* (*Un drame au fond de la mer*), etc. Tous les jours.

CHATELET. — Vis-à-vis du précédent. Salle construite par le même architecte et dans le même temps que celle du Théâtre-Historique. — Tous les soirs : drame, mélodrame, féerie. On tenta, en novembre 1874, d'y installer l'Opéra populaire, et *les Parias*, de M. Membrée, y furent donnés pendant quelques soirées seulement, comme pièce d'inauguration. On dut s'en tenir là, et le Châtelet en est revenu aux drames et aux féeries. — Matinées dramatiques. Concerts le dimanche.

GAÎTÉ. — Square des Arts-et-Métiers, boulevard Sébastopol et rue Saint-Martin. Salle construite en 1862, par M. Hittorf. — Le Théâtre-Lyrique y a été installé jusqu'en janvier 1878.

PALAIS-ROYAL. — Péristyle Montpensier, au Palais-Royal. — Salle construite en 1784, restaurée en 1851. Tous les jours : comédies, vaudevilles, pochades, opérettes, chansonnettes; esprit, bons mots, situations risquées.

Variétés. — Boulevard Montmartre et passage des Panoramas. Salle construite par Cellérier, ouverte au public le 24 juin 1807. Comédies-bouffes, vaudevilles, revues, et surtout opérettes. Tous les soirs.

Renaissance. — Boulevard Saint-Martin et rue de Bondy, façade regardant la porte Saint-Martin; de sorte que tout le pâté de maisons enfermé par la rue de Bondy et le boulevard se termine presque en encoignure à ses deux extrémités par un théâtre : l'Ambigu à l'est, la Renaissance à l'ouest. — Salle construite par M. Lalande, en 1872; inaugurée le 13 mars 1873. — Opérettes et vaudevilles, tous les jours.

Bouffes-Parisiens. — Passage Choiseul et rue Monsigny. Ancienne salle, mais très-agrandie, du Théâtre Comte. — Opérette et opéra-bouffe. Vacances d'été suivant l'enthousiasme ou l'indifférence ruineuse du public.

Folies-Dramatiques. — Boulevard Saint-Martin et rue de Bondy, n° 40. Opérettes, vaudevilles, revues, tous les jours. — Salle arrangée précipitamment en 1862, restaurée depuis et devenue fort jolie, confortable et bien éclairée.

3° Théatre-Français (ancien *Théâtre-Déjazet*). — Boulevard du Temple, 41. — Tous les jours : drames et comédies, la plupart du temps en vers, dont les auteurs sont des débutants. Dirigé par M. Ballande, le créateur des matinées littéraires, ce théâtre minuscule nous a du moins rendu le service de faire connaître des auteurs et des artistes de talent qui, sans lui, fussent demeurés dans l'ombre vraisemblablement toute leur vie.

Cluny. — Boulevard Saint-Germain, 71; ancien *Théâtre-Saint-Germain et des Folies-Saint-Germain*. Drames, comédies, etc.

Menus-Plaisirs. — Boulevard de Strasbourg, 14. — Drames, comédies, opérettes, revues.

Funambules.— Boulevard de Strasbourg, 17. — Pantomimes.

Citons encore : les *Folies-Marigny*, aux Champs-Elysées; les *Nouveautés*, boulevard des Italiens; le *Théâtre de la Porte-Saint-Denis*; les *Folies-Bergère*, rue Richer; le *Théâtre du Château-d'Eau*, rue de Malte; l'*Athénée*, rue Scribe; le *Grand-Théâtre parisien*, rue de

Lyon; *Beaumarchais;* le *Théâtre Taitbout;* le *Théâtre de la Tour-d'Auvergne* (jeunes élèves), rue de la Tour-d'Auvergne, 22. En dehors de ces salles, la plupart peu fréquentées, il existe encore une quantité de petits théâtres, ou soi-disant tels, fréquentés seulement par les gens du voisinage et qui ne sauraient avoir d'autre prétention.

Spectacles enfantins.

THÉÂTRE MINIATURE, boulevard Montmartre, 12 (bazar Européen). — Marionnettes mécaniques. Tous les soirs; représentations de jour les jeudis et dimanches. — THÉÂTRE DES MARIONNETTES, boulevard de Strasbourg. — ROBERT HOUDIN, boulevard des Italiens, 8. Prestidigitation. — GUIGNOL, GUIGNOLET, BAMBOCHINET, et autres artistes de même farine, donnant leurs représentations en plein vent aux Champs-Élysées, aux Tuileries, au Luxembourg, etc.

On peut encore intéresser les enfants, en même temps que les grandes personnes, au spectacle offert par le Panorama des Champs-Élysées ou *Panorama National* (près du Palais de l'Industrie), qui donne principalement des épisodes empruntés à l'histoire de la guerre et du siége de Paris, ainsi qu'une vue de la *Défense de Paris* d'un effet saisissant.

Cirques et hippodromes.

L'HIPPODROME DES CHAMPS-ÉLYSÉES, avenues Joséphine et de l'Alma, et le CIRQUE DES CHAMPS-ÉLYSÉES, pour l'été; le CIRQUE AMÉRICAIN, place du Château-d'Eau; le CIRQUE FERNANDO (rue des Martyrs et boulevard Rochechouart), pour l'hiver; la *Kermesse* des Champs-Élysées (Palais de l'Industrie), où l'illustre Blondin exécute ses plus périlleux exercices : tels sont les spectacles de cet ordre que possède Paris.

Concerts.

CONCERTS DU CONSERVATOIRE, au Conservatoire national de Musique, 11, faubourg Poissonnière. Tous les deux dimanches, du deuxième dimanche de janvier jusqu'à la semaine sainte; trois concerts spirituels ont lieu pendant cette dernière semaine et la suivante. S'adresser au Conservatoire. — *Concerts du*

Jardin d'acclimatation, au Bois de Boulogne. Jeudis (1 fr.) et dimanches (0 fr. 50), pendant l'été. — *Concerts des Champs-Élysées* (concert Besselièvre), derrière le Palais de l'Industrie. Tous les soirs d'été. Entrée, 1 fr. — *Concerts populaires*, au Cirque d'hiver, dirigés par M. Pasdeloup. Exécution magistrale des maîtres allemands et de quelques maîtres français, tous les dimanches d'hiver. Places : 5 fr., 3 fr., 2 fr. 50 et 75 c. — *Concerts du Châtelet*, tous les dimanches d'hiver, sous la direction de M. Ed. Colonne. — La plupart des salles de bal, le cirque Fernando et divers autres établissements publics donnent dans les intervalles de leurs soirées dansantes ou dans la journée, en hiver, des concerts plus ou moins réguliers, plus ou moins suivis. Consulter les affiches et les journaux.

Cafés-concerts.

La liste des cafés-concerts de Paris serait longue si on voulait la faire complète, mais elle manquerait d'intérêt, tant il y en a qui méritent l'énergique appellation populaire de *beuglants*. Nous citerons donc seulement ceux qui méritent d'être visités, parmi lesquels il

Un café-concert aux Champs-Élysées.

en est plus d'un qui ne le cède en rien à bien des théâtres d'opérettes.

Ce sont : l'*Eldorado*, boulevard de Strasbourg, 10; jolie salle très-fréquentée, où l'on exécute la saynète et l'opérette aussi bien que la chanson, et où se sont formées quelques-unes de nos meilleures artistes lyriques du genre. — La *Scala*, en face de l'Eldorado, belle salle, bien décorée et éclairée. Chansons, saynètes, opérettes. — L'*Alcazar*, faubourg Poissonnière, 10. — L'*Alcazar d'été*, aux Champs-Élysées, le second à droite en montant vers l'Arc de triomphe de l'Étoile.— *Café du XIXe siècle*, rue du Château-d'Eau.— *Grand concert parisien*, rue du Faubourg-Saint-Denis, 37. — *Café des Ambassadeurs*, Champs-Élysées, premier à droite. — *Pavillon de l'Horloge*, Champs-Élysées, à gauche. — *Bataclan*, boulevard Voltaire, 50. — *Café du Vert-Galant*, sur le terre-plein du Pont-Neuf, à l'extrémité de l'île; on y descend par un escalier qui débouche derrière la statue d'Henri IV. — Les *Porcherons*, place Cadet. — L'*Alhambra*, boulevard du Temple. — Le *Gaulois*, boulevard de Strasbourg, 30. — L'*Harmonie*, faubourg Saint-Martin. — *Grand concert Européen*, rue Biot (place Clichy), etc., etc.

Bals publics.

BALS MASQUÉS DE L'OPÉRA. — Dans la vieille salle de la rue Lepeletier, il y avait bal « paré et masqué » tous les samedis, depuis la mi-décembre jusques et y compris le mardi gras, et à la mi-carême. Depuis l'incendie de 1873, qui suspendit nécessairement le cours de ces brillantes et bruyantes réjouissances annuelles, la lutte a été vive pour et contre leur transfert au nouvel Opéra; mais c'est le *pour* qui l'a emporté, toutefois avec amendement; trois bals ont seulement été donnés en 1877 et 1878 à l'Opéra, pendant le carnaval, à des intervalles nécessairement éloignés; ainsi, ceux de 1878 ont eu lieu aux dates des 26 janvier, 16 février et 2 mars; un quatrième a enfin eu lieu le jour de la mi-carême, et c'est tout. Est-ce un mal? Nous ne saurions le dire. En tout cas, les danseurs de l'Opéra nous paraissent trop recueillis pour rappeler, même de loin, les Chicard et les Brididi de la salle Lepeletier et l'on peut dire que les bals de l'Opéra sont morts, ou guère mieux.

AUTRES BALS MASQUÉS. — En carnaval, outre les salles ordinairement vouées au culte de

Terpsichore, plusieurs théâtres donnent des bals ; mais pas toujours et à des dates irrégulières. Il en est ainsi au Théâtre-Italien, au Châtelet, à l'Opéra-Comique, au théâtre du Château-d'Eau, etc. Il s'agit de consulter les organes habituels de cette sorte de publicité pour être renseigné en temps utile, s'il y a lieu.

Jardin Mabille. — Avenue Montaigne, rond-point des Champs-Élysées. Bal d'été, beau jardin ; ouvert tous les soirs. entrée 3 fr.; mercredis et samedis, grande fête de nuit, 5 fr. — Jeux divers.

Bal Bullier. — Carrefour de l'Observatoire. Bal d'étudiants, ouvert les lundis, jeudis et dimanches; l'été, on danse dans le jardin, et c'est la *Closerie des Lilas;* l'hiver, dans la salle, et l'on est au *Prado.* Entrée, 1 fr.; bals masqués, 2 fr.

Valentino. — Rue Saint-Honoré, 251. Bal les mardis, jeudis, samedis et dimanches; entrée, 3 fr. Concert les autres jours de la semaine. — Jeux divers.

Chateau Rouge. — Avenue de Clignancourt (Montmartre). Vastes jardins, jeux, illuminations. Tous les jours de la belle saison; fêtes de nuit les dimanches, lundis et jeudis, 2 fr.; les autres jours, 1 fr.

Frascati. — Rue Vivienne, 49; lundis, mardis, jeudis et samedis, 3 fr.

Casino. — Rue Cadet, 16. Bals et concerts alternant, comme à la salle Valentino; entrée, 2 fr.

Tivoli-Vauxhall. — Rue de la Douane, 14. Tous les soirs. Les mercredis et samedis, 2 fr.; les autres jours, 1 fr.

Élysée-Montmartre. — Boulevard Rochechouart, 41. Bals les jeudis, samedis et dimanches; la semaine, 1 fr.; le dimanche, 1 fr. 50.

Citons encore, au moins pour mémoire : le bal de l'*Étoile*, avenue de Wagram; le bal du *Pré aux Clercs*, rue du Bac; l'*Élysée-Ménilmontant*, rue Julien-Lacroix; le bal du *Vieux-Chêne*, rue Mouffetard; le bal *Constant*, rue de la Gaîté (Montparnasse); la *Boule noire*; la *Reine-Blanche*, boulevard de Clichy; le bal *Favié*, rue de Paris (Belleville); le bal *Bourdon*, boulevard Bourdon (Bastille), etc., etc.

La plupart de ces salles de bals donnent des concerts à l'occasion, dans les intervalles de leurs « soirées dansantes ». Quelques-unes pratiquent en outre le patinage à roulettes dans la journée. Mabille et Bullier notamment ont leurs *Skating Rinks*. L'engouement du public pour ce divertissement exotique, introduit chez nous régulièrement en 1876, n'a toutefois pas été de longue durée ; il a duré tout juste assez longtemps pour stimuler l'ardeur novatrice de hardis spéculateurs et donner naissance à quelques *Skating Palaces* ou autres, mais pas assez pour empêcher ceux-ci de se transformer promptement en quelque autre établissement plus productif et ceux-là de se ruiner, eux ou leurs bailleurs de fonds.

LES COURSES DE CHEVAUX.

Il y a trois réunions annuelles : la réunion de printemps (avril), la réunion d'été (mai-juin) où est couru le grand prix de Paris de 100,000 francs, et la réunion d'automne (septembre). Ces courses ont lieu sur l'hippodrome de *Longchamp*, au Bois de Boulogne, sous la direction du Jockey Club, autrement dénommé *Société d'encouragement pour l'amélioration des races chevalines en France*, et croyant fermement qu'il remplit ce but utilitaire et patriotique, parce que les prix qu'il offre sont réservés aux chevaux nés et élevés en France.

Indépendamment de ces courses, il y a celles de *Chantilly* (chemin de fer du Nord), en mai et octobre, trois jours à chaque réunion ; les courses d'*Auteuil* (printemps et automne), où est couru le *Grand national*, prix de 30,000 fr. (lundi de la Pentecôte) : ces courses, dirigées par la Société des Steeple-Chases, n'ont lieu à Auteuil que depuis 1873, elles avaient lieu antérieurement à Vincennes; les steeple-chases de *La Marche* (gare Saint-Lazare), au printemps et à l'automne; les courses de *Fontainebleau* (chemin de fer de Lyon); celles du *Vésinet* (chemin de fer de Saint-Germain, gare Saint-Lazare).

Nous n'entrons pas dans les détails des courses, parce que nous ne comptons pas avoir affaire à des *sportsmen* décidés à faire courir et à exiger de nous des renseignements explicites sur la pratique du *turf*. Mais comme les réunions élégantes, quoique fort mêlées, dont elles sont l'occasion ont un attrait de curiosité énorme et justifié, nous devions indiquer l'époque de ces réunions et les moyens de s'y rendre.

HOPITAUX, MAISONS DE SANTÉ, MAISONS DE RETRAITE, ASILES.

Maison municipale de santé, connue aussi sous le nom de *Maison Dubois*, du nom de son fondateur. — Rue du Faubourg-Saint-Denis, 200. Maison fondée en faveur des personnes malades ou blessées qui ne pourraient recevoir chez eux les soins que leur état réclame; particulièrement récommandable à ce titre aux étrangers surpris par la maladie ou victimes d'un accident. Les prix, pour un lit, pour une chambre où il n'y en a pas plus de quatre, pour une chambre particulière ou pour un appartement, varient de 4 à 15 francs par jour, tout compris : soins, pansement, nourriture, médicaments, logement et accessoires.

Maison de santé Du Dr Blanche (aliénés), à Passy, rue Berton, 17.

Hôtel-Dieu (nouvel), inauguré en juillet 1877. — Le nouvel Hôtel-Dieu s'élève sur une superficie de 22,000 mètres carrés, entre le quai de la Cité (ancien quai Napoléon), les rues de la Cité et d'Arcole et la place du Parvis-Notre-Dame. — Malades et blessés; accouchements. Consultations gratuites de huit à neuf heures du matin, tous les jours.

BEAUJON. — Rue du Faubourg-Saint-Honoré, 208. — Malades et blessés.

CHARITÉ. — Rue Jacob, 47. — Malades et blessés. Accouchements.

CLINIQUE. — Rue de l'École-de-Médecine, 21. — Cliniques de chirurgie, d'accouchement; école de sages-femmes.

COCHIN. — Rue du Faubourg-Saint-Jacques, 47. — Malades et blessés. Accouchements.

ENFANTS MALADES. — Rue de Sèvres, 149.

GROS-CAILLOU (militaire). — Rue Saint-Dominique, 188.

LARIBOISIÈRE. — Clos Saint-Lazare, près la gare du chemin de fer du Nord. — Malades et blessés.

LOURCINE. — Rue de Lourcine, 111. — Maladies secrètes (femmes).

MATERNITÉ. — Boulevard de Port-Royal, 125. — Accouchements. École de sages-femmes.

Midi. — Boulevard de Port-Royal, 111. — Maladies secrètes (hommes).

Necker. — Rue de Sèvres, 151. — Blessés. Accouchements.

Pitié. — Rue Lacépède, 1. — Malades et blessés. Accouchements.

Saint-Antoine. — Rue du Faubourg-Saint-Antoine, 184. — Malades et blessés. Accouchements.

Sainte-Eugénie. — Rues du Faubourg-Saint-Antoine, 124, et de Charenton, 89. — Malades et blessés.

Saint-Louis. — Rue Bichat, 40 et 42. — Maladies de la peau (médecine et chirurgie). Consultations tous les jours.

Saint-Martin (militaire). — Rue du Faubourg-Saint-Martin.

Val-de-Grace (militaire). — Rue Saint-Jacques, 177 bis.

Dans la plupart de ces établissements, des consultations gratuites sont données chaque matin de huit à neuf heures. Les jours et heures de visite aux malades sont également à peu près les mêmes partout : de une heure à trois, les dimanches et les jeudis.

Hospices, Maisons de retraite et Asiles. — Indépendamment des hôpitaux que nous venons de citer, il existe à Paris et aux environs de nombreuses maisons de retraite qu'il importe de signaler. Ce sont :

L'*Hospice des Enfants assistés* (enfants trouvés), rue d'Enfer, 72. — L'*Hospice des Quinze-Vingts*, rue de Charenton, 28. — L'*Institution des jeunes aveugles*, boulevard des Invalides, 56. — L'*Institution des Sourds-Muets*, rue Saint-Jacques, 254. — Les *Asiles* de Vincennes (hommes) et du Vésinet (femmes), pour les convalescents. — L'*Hospice de Bicêtre*, pour les vieillards (hommes) et des aliénés. — L'*Hospice de la Salpêtrière* (femmes), même double destination. — L'*Hospice des Ménages* et l'*Hospice Devillas*, à Issy. — L'*Hospice des Incurables* (deux sexes), à Ivry. — L'*Institution Sainte-Périne*, pour les vieillards des deux sexes ayant joui d'une situation aisée et d'une certaine éducation, à Auteuil, 4, place Sainte-Geneviève. — La *Maison de retraite de Larochefoucauld*, avenue d'Orléans, 15. — L'*Infirmerie Marie-Thérèse* (prêtres infirmes), rue d'Enfer, 92, etc.

Citons encore la *Maison d'aliénés* de Charenton-Saint-Maurice et l'*Asile Sainte-Anne*, rue Cabanis, 1, également destiné aux aliénés.

Paris possède encore un grand nombre d'établissements et d'institutions de bienfaisance, entretenus par la charité privée ; mais, outre que leur seule nomenclature serait beaucoup trop étendue, aucun voyageur, vraisemblablement, n'aurait le temps ni le désir de les visiter. Nous nous en tiendrons donc là.

PRISONS.

Pour visiter les prisons, il faut en obtenir l'autorisation du Préfet de police. A la Préfecture de police (1re division, 3e bureau), on délivre également des permissions pour visiter les détenus. — Les individus arrêtés en flagrant délit ou sur mandat du Préfet de police, sont détenus provisoirement au *Dépôt* de la Préfecture. A la *Conciergerie* (Palais de Justice), sont déposés ceux qui doivent comparaître devant le juge d'instruction ou être prochainement jugés.

Sainte-Pélagie, rue du Puits-de-l'Hermite, 11. — Maison d'arrêt affectée aux condamnés pour délits, à moins d'une année d'emprisonnement et aux condamnés pour délits politiques et de presse. C'est surtout à cette dernière catégorie de pensionnaires qu'elle doit sa célébrité.

Mazas, prison cellulaire, boulevard Mazas, 23. — A Mazas, outre quelques condamnés à des peines de courte durée, sont incarcérées les personnes arrêtées en vertu d'un mandat d'amener, sur une accusation grave.

La Santé, maison de détention. — Rue de la Santé, 42.

La Roquette, maison de dépôt des condamnés aux travaux forcés et des condamnés à mort. — Rue de la Roquette, 168. — L'exécution des condamnés à mort a lieu sur la place, devant la porte même de la prison.

Prison des jeunes détenus, dite *Maison centrale d'éducation correctionnelle*. — En face du lugubre *Dépôt* de la Roquette s'élève cette *maison*, où les jeunes détenus sont soumis à la double règle du silence absolu et du travail obligatoire, et en deviennent rarement meilleurs.

Saint-Lazare. — Maison d'arrêt et de correction pour femmes, rue du Faubourg-Saint-Denis, 107, près du boulevard Magenta. —

Reçoit les prévenues de toute catégorie et les condamnées à moins d'un an, et sert de dépôt aux condamnées qu'attendent les maisons centrales. Silence absolu et travail obligatoire. — Magasin général et lingerie des prisons de la Seine.

Prison du Cherche-Midi, dite *Maison d'arrêt et de correction militaire.* — Rue du Cherche-Midi. Prison affectée aux prévenus passibles des conseils de guerre et aux condamnés militaires de un mois à deux ans ; dépôt des condamnés à des peines plus fortes, en attendant leur transfert dans les établissements de province ou des colonies qui leur sont désignés. — Succursales aux forts de Vanves et de l'Est.

Les condamnés à mort militaires sont exécutés au polygone de Vincennes.

Il n'y a de condamnés civils dans les prisons de Paris, en principe, que ceux dont la peine n'excède pas un an.

HALLES, MARCHÉS ET ENTREPOTS.

Halles centrales, rue de Rambuteau (pointe Saint-Eustache) et rue Berger, composées de douze pavillons couvrant une superficie de 70,000 mètres carrés. — La construction des Halles centrales a commencé en 1851, sous la direction et d'après les dessins de Baltard. Vouloir donner une idée, même affaiblie, de cet immense dépôt de toutes les substances alimentaires des trois règnes, apportées là de presque toutes le contrées connues, serait une entreprise impossible. Il faut voir les Halles, en se rappelant surtout que le temps où Vadé s'em...poignait avec les marchandes de marée est loin de nous, et que « ces dames de la Halle, » pourvu qu'on ne les provoque pas à l'excès, sont plus polies et surtout plus patientes que bien des petites marchandes du plus modeste marché de province. En outre, la majorité se compose de jeunes filles ou femmes jolies et coquettes, aimant par conséquent à être vues, parce qu'elles savent qu'on les admirera. — La police des halles est d'ailleurs faite avec le plus grand soin : les larges voies qui séparent les pavillons sont propres, le balai municipal y faisant de fréquentes excursions ; l'accès entre les étaux des marchands, des plus faciles.

Halle au blé, édifice circulaire élevé au milieu d'une place, ou plus exactement entouré par la rue de Viarmes, qui n'est pas quali-

Les Halles centrales.

fiée de place, on ne sait pourquoi. On peut s'y rendre, en quittant les Halles centrales, par la rue de Sartine, à gauche, à l'entrée de la rue Coquillière, qu'on atteint en remontant la large voie qui s'étend devant la façade principale des Halles, l'église Saint-Eustache à droite. — Édifice construit en 1767, par Lecamus de Mézières, mais notablement modifié depuis; vingt-cinq portes cintrées y donnent accès, elles sont surmontées de fenêtres carrées. Galerie intérieure, coupole fer et cuivre datant de 1811. — Les principaux jours de marché sont le mercredi et le samedi. Marché tous les jours.

Halle aux cuirs, rues Santeuil, Censier et du Fer-à-Moulin. — Édifice en forme de parallélogramme, construit par M. Jules Bouchet, en 1866. Marché et bourse des cuirs et des peaux, ouvert tous les jours.

Entrepôt des vins, quai Saint-Bernard, près le Jardin des Plantes. — Vaste construction de 134,000 mètres carrés; cinq groupes de celliers avec caves dessous, séparés par des avenues. — Ouvert tous les jours; visite des caves et des magasins moyennant autorisation du directeur.

Marché aux chevaux, à l'angle des boulevards Saint-Marcel et de l'Hôpital. — Mercredis et samedis.

Marché aux chiens, même lieu. — Le dimanche.

Marché au fourrage, même lieu et à Bercy. — Les Mardis, jeudis et vendredis.

Marché aux oiseaux, carré et marché Saint-Martin, rue Montgolfier, près de la rue Turbigo et du Conservatoire des Arts et Métiers. — Le dimanche de midi à quatre heures.

Marché aux bestiaux et Abattoirs, à La Villette, rue de Flandre et rue d'Allemagne. — Construits en 1867 sur les dessins de Baltard. Le marché se compose de trois pavillons en fer pouvant contenir 4,600 bœufs, 22,000 moutons, 7,000 porcs et 4,000 veaux; l'entrée est rue d'Allemagne; l'ancienne fontaine du Château-d'Eau a été réédifiée dans la cour. — Les abattoirs (entrée rue de Flandre) sont réunis au marché par deux passerelles jetées sur le canal. Ils se composent de 64 pavillons et occupent une superficie de 27 hectares. — La superficie totale des abattoirs et du marché est de 45 hectares.

Marché du Temple, ancien enclos du Temple. — Reconstruit sur le modèle des pavillons des Halles, en 1865, sur son emplacement primitif: le *Temple* actuel mesure 215 mètres de longueur sur 65 mètres de largeur, et compte 2,400 boutiques encombrées de toutes sortes de marchandises, principalement de vieux habits, chaussures d'occasion, meubles de rencontre, etc. Le neuf n'y manque toutefois pas.

Marché aux fleurs. — Il y a à Paris quatre marchés aux fleurs, non installés dans des constructions spéciales, mais établis sur le sol et protégés par de simples tentes ou abris mobiles d'une nature ou d'une autre. Ce sont : le *Marché aux fleurs*, rue du Marché-aux-Fleurs et quai de la Cité, derrière le Tribunal de commerce, qui se tient le mercredi et le samedi ; le *Marché de la Madeleine*, sur le côté est de l'église, le mardi et le vendredi ; le *Marché Saint-Sulpice*, place du même nom et le *Marché du Château-d'Eau*, sur l'Esplanade, en face de la caserne, le lundi et le jeudi.

L'Hôtel des Ventes mobilières (anc. Hôtel Bullion), rue Drouot, 5, et rue Rossini, propriété des commissaires-priseurs de Paris. — Ouvert tous les jours non fériés de deux à quatre heures.

Ventes de Bibliothèques. — Les ventes de livres rares ou précieux ont généralement lieu rue des Bons-Enfants, n° 30, derrière la Banque, *salle Silvestre.*

Docks, Entrepôts et Magasins généraux. — L'*Entrepôt des douanes* et l'*Entrepôt libre* se trouvent rue de Crimée, 157; l'*Entrepôt d'octroi* et l'*Entrepôt réel des sucres indigènes*, rue de Flandres, 191; l'*Entrepôt spécial des sels*, boulevard de la Villette, 204 et rue de Flandre. — Les bâtiments de ces diverses administration se touchent; ils sont situés sur les deux rives du canal au delà du faubourg Saint-Martin, à droite.

CASERNES ET ÉTABLISSEMENTS MILITAIRES.

École militaire, Champ de Mars, et place de Fontenoy. — Infanterie, cavalerie, artillerie et train des équipages. L'Ecole militaire a été construite sous Louis XV, mais elle a subi de notables améliorations depuis. C'était dans le principe une véritable *École militaire* pour cinq cents gentilshommes pauvres; il s'en fallut de peu que cette école ne fût transformée en Hôtel-Dieu; enfin elle devint caserne sous le premier empire et caserne elle est restée depuis. Citons encore la *caserne de la Pépinière*, rue de la Pépinière, à l'angle de la rue Portalis, considérablement agrandie; celle de la *Nouvelle France*, faubourg Poissonnière, près la rue Lafayette; les casernes de *Lourcine*, *Popincourt*, de *Babylone*, dans les rues du même nom, cette dernière ayant abrité les gardes françaises et les cent gardes: la construction de ces casernes remonte au siècle dernier. Parmi les plus récemment construites, nous citerons : la *caserne du quai d'Orsay* (cavalerie), la *caserne Bellechasse*, le *quartier de cavalerie de Grenelle*, au Gros-Caillou, pour la rive gauche; la *caserne du Château-d'Eau* (ou *du Prince-Eugène*), la *caserne Napoléon*, rue de Rivoli, près de l'Hôtel-de-Ville, la *caserne de Reuilly* et celle de *Bercy*. Ajoutons à cette liste les casernes affectées à la Garde républicaine, et qui sont celles de *Lobau*, *Mouffetard*, *des Célestins*, *des Minimes* (près la place des Vosges), *de Tournon* et *de la Banque*, des deux *casernes de la Cité*, boulevard du Palais, l'une est affectée aux pompiers de Paris et à l'état-major de la Garde républicaine, l'autre aux services de la Préfecture de police. — Restent les *Postes-Casernes*, répartis sur les boulevards de l'enceinte, les forts détachés, les casernes de pompiers installés dans les divers quartiers.

Quartiers généraux *du gouvernement militaire de Paris et de la 19ᵉ division militaire.* — Place Vendôme, 11 et rue de Luxembourg, 29.

État-major de la place de Paris. — Place Vendôme, 9.

Hôtel de l'Intendance de la division. — Rue Saint-Dominique, 92.

Conseils de guerre et Conseils de révision. — Rue du Cherche-Midi, à l'angle de la rue du Regard.

Prison militaire. — (Voyez Prisons.)

Hôpitaux militaires. — (Voyez Hôpitaux, Maisons de santé, etc.).

FIN.

TABLE LAPHABÉTIQUE DES MATIÈRES

A

Abattoirs... 204
Académies et Sociétés savantes.................... 107
Administrations publiques........................... 54
Ambassades et Consulats............................ 28
Amphithéâtre des hôpitaux......................... 110
Appartements meublés................................ 20
Archevêché... 157
Archives nationales.................................... 117
Arcs de triomphe.............................. 70 et 81
Arrivée à Paris... 2
Asile Sainte-Anne....................................... 197
Assistance publique.................................... 54
Avant l'embarquement................................ 1
Avenues (Boulevards et).............................. 60

B

Bals.. 188
Banque de France....................................... 54
Bateaux-omnibus.. 17

Beaux-Arts (Palais des).................. 130
Bibliothèques publiques.................. 114
Bicêtre.................................. 196
Bois de Boulogne......................... 95
— de Vincennes 96
Bouillon (établissements de)............. 22
Boulevards et Avenues.................... 60
Bourse................................... 157
Brasseries............................... 23
Bureaux de renseignements (chemins de fer)........ 3
Buttes Chaumont.......................... 97

C

Cabinets de lecture...................... 160
— inodores 27
Cafés.................................... 23
Cafés-concerts........................... 184
Canal Saint-Martin....................... 70
Cartes postales.......................... 40
Casernes................................. 206
Catacombes............................... 100
Champ de Mars (Palais du)................ 132
Champs-Élysées........................... 92
Chapelles (divers cultes)................ 143
Chapelle expiatoire...................... 143
— Saint-Ferdinand........................ 143-147
Château de Vincennes..................... 97
Chemins de fer (gares des)............... 16
Chemin de fer de ceinture................ 14
Cimetières............................... 98
Cirques et Hippodromes................... 183

Cités...	66
Collections scientifiques et artistiques............	118
Collége de France.................................	109
Colléges (Lycées et)..............................	112
Colonnes..	70
Commissaires de police...........................	51
Concerts..	183
Conciergerie. (V. Prisons.).......................	155
Conférences publiques............................	117
Conseil d'État....................................	56
— de guerre................................	60
— des prud'hommes.........................	59
— de révision..............................	60
Conservatoire des Arts et Métiers.................	127
— de Musique...............................	112
Consigne (bureau de la)..........................	3
Consulats (Ambassades), etc......................	28
Cours et Tribunaux...............................	56
Courses de chevaux..............................	191
Crémeries...	22
Crimes et délits..................................	52

D

Dépôt central de l'Artillerie......................	53
— du Génie.................................	53
— de la Guerre.............................	53
— de la Marine.............................	53
— de la Préfecture.........................	197
Distance de chaque gare à l'Exposition...........	16
Docks, etc..	206

E

Eau et Gaz	103
Écoles professionnelles	113
Écoles spéciales et d'application	111
Édifices civils	148
Églises catholiques	139
— catholiques dissidentes	144
— anglicanes	144
— calvinistes	144
— luthériennes	144
Égouts	101
En gare	2
Entrepôt des vins	203
Entrepôts (Docks) et Magasins généraux	206
Établissements (grands) financiers	56
Excursion sous Paris	100
Exploration sommaire dans Paris	60
Exposition universelle de 1878	132

F

Facultés	110
Facultés catholiques	111
Fêtes (Palais des) au Trocadéro	134
Fontaines (Places, Colonnes), etc	70-81

G

Gares	16
Gaz	103

Gobelins. (V. Manufactures.).................... 135
Guignol, etc. (théâtres de)...................... 182

H

Halles, Marchés et Entrepôts.................... 199
Hippodromes................................... 183
Hôpitaux, Maisons de santé, etc................. 193
Hospices, Maisons de retraite, etc............... 196
Hôtels, Maisons meublées, etc................... 18
Hôtels et Maisons historiques................... 158
Hôtel-Dieu (nouvel)............................ 193
Hôtel des Ventes............................... 205
Hôtel de Ville................................. 148

I

Imprimerie nationale........................... 117
Industrie (Palais de l')........................ 130
Intendance militaire........................... 208
Institut de France............................. 104
Institutions de Bienfaisance. (V. Hôpitaux.).... 193
Invalides...................................... 150

J

Jardin des Plantes (Muséum).................... 124
Jardins (Squares) et Parcs..................... 88
Journaux de Paris, leur couleur politique, leur prix,
    leur âge................................... 162
Justices de paix............................... 59

K

Kiosques.. 166

L

Légations (Ambassades), etc........................... 28
Légion d'honneur (Palais).............................. 157
Longchamp (Champ de courses)..................... 191
Longitudes (Bureau des)................................ 130
Louvre (Palais)... 148
— (Musée)... 118
— (Square).. 91
Luxembourg (Palais)..................................... 150
— (Musée).. 119
— (Jardin).. 92
Lycées et Collèges.. 112

M

Magasins généraux (Docks, Entrepôts, etc.)........ 206
Maison centrale d'éducation correctionnelle......... 198
Maisons d'arrêts, etc. (V. Prisons.)................... 197
Maisons historiques...................................... 158
— meublées.. 20
— de retraite.. 196
— de santé... 193
Manufactures de l'État................................... 135
Manutention militaire.................................... 139
Marchands de vin... 23
Marchés (Halles et)...................................... 199

TABLE ALPHABÉTIQUE DES MATIÈRES.

Ministères	53
Monnaie	123
Montsouris (Observatoire)	129
— (Parc)	97
Morgue	68
Mosquée	145
Musées et Collections	118

N

Notre-Dame. (V. Églises.)	146

O

Obélisque	75
Objets perdus ou trouvés	51
Observatoire de Paris	128
Observatoire de Montsouris	129
Omnibus des chemins de fer	12
Omnibus de la Compagnie générale	13
Opéra	173

P

Palais, édifices civils, etc	148
Panorama national	182
Panthéon (Église Sainte-Geneviève)	146
Parcs (Squares, Jardins, et)	88
Passages	65
Passe-ports	1
Patinage (Skating-Rinks)	190
Père-Lachaise. (V. Cimetières.)	93

Petit Luxembourg.................................... 150
Place (État-major de la)............................. 208
Places, Colonnes, Fontaines, etc..................... 70
Police... 50
Ponts (Quais et)..................................... 67
Poste aux lettres.................................... 32
Postes de police..................................... 51
Pourboire (du)....................................... 4
Préfecture de police................................. 55
   —   de la Seine.............................. 55
Préoccupations premières............................. 1
Prisons 197
Puits artésiens...................................... 103

Q

Quais et Ponts....................................... 67
Quartiers généraux................................... 208

R

Réclamations. (V. Police.)........................... 5 et 51
Renseignements....................................... 23
Restaurants.. 20
Rues... 64

S

Sainte-Chapelle. (V. Chapelles.)..................... 146
Saint-Lazare. (V. Gares.)............................ 16
   —   (V. Prisons.)............................ 198
Savonnerie. (V. Gobelins.)........................... 135

Séminaires.. 113
Sèvres. (V. Manufactures.)......................... 138
Skating Rinks... 191
Sociétés savantes....................................... 107
Sorbonne. (V. Facultés.)............................ 147
Spectacles enfantins................................... 182
Sport. (V. Courses.)................................... 191
Squares, Jardins et Parcs........................... 88
Statues (Places, Colonnes), etc............ 70 et 81
Synagogues.. 145

T

Tabacs. (V. Manufactures.)....................... 139
Tables d'hôte... 20
Tarifs des voitures de place et de remise .. 7, 8 et 11
   — du port des lettres............................ 40
   — des télégrammes................................ 48
   — des places aux théâtres..................... 172
Télégraphe électrique................................. 43
   — pneumatique...................................... 103
Temple (Marché du)................................... 204
Temples protestants.................................... 144
Théâtres... 168
Thermes. (V. Musées.)............................... 120
Tour Saint-Jacques la Boucherie................ 91
Tramways... 14
Tribunal de commerce (Palais)................... 156
Tribunaux (Cours et)................................... 56
Trocadéro (Palais du)................................. 134
Tuileries (Jardin).. 92
   — (Palais).. 150

U

Université (l')... 109

V

Val-de-Grâce (Église)..................................... 143
— (Hôpital)............................... 195
Vincennes (Chemin de fer)................................. 17
— (Bois)................................... 96
— (Château)............................... 97
Visite aux édifices des différents cultes............. 145
Voitures de place. (V. Tarifs.)........................ 3
— de remise. (V. Tarifs.).................... 4
— omnibus.................................. 13

Chez tous les libraires de Paris, des départements et dans toutes les gares.

50 centimes le numéro de **16** pages.

JOURNAL DES VOYAGES

Et des aventures de terre et de mer

Cette publication compte un an d'existence. Elle est sans contredit la plus répandue et la plus populaire dans son genre. Le *Journal des voyages* doit cet immense succès à ses splendides illustrations et à son texte attachant, qui comprend des aventures de voyages, des récits de chasse, des biographies des grands explorateurs et nombre d'excellents articles par les écrivains spéciaux les plus réputés.

ABONNEMENTS.

Paris, un an : 8 francs.
Départements, un an : 10 francs.
Étranger, un an : 12 francs.

Adresser les lettres et mandats à l'éditeur G. DECAUX, 7, rue du Croissant.

En vente chez tous les libraires.

50 centimes le numéro avec supplément.

L'EXPOSITION DE PARIS

Journal hebdomadaire illustré

*La publication sera complète en 3o numéros
à 5o centimes.*

Tracer un tableau exact de l'Exposition universelle de 1878, reproduire par la gravure l'image fidèle des splendeurs qu'elle offre aux yeux de tous, fixer d'une façon durable le souvenir de cette grande solennité, mettre à même ceux qui viendront à Paris, aussi bien que ceux qui en resteront éloignés, de posséder un mémorial de ces grandes fêtes du travail, tel est le but que se propose l'éditeur de l'*Exposition de Paris*.

ABONNEMENT AUX **30** LIVRAISONS.

Paris : 14 francs.
Départements : 16 francs.
Etranger : 18 francs.

Adresser les lettres et mandats à l'éditeur G. DECAUX,
7, rue du Croissant.

Imprimerie D. BARDIN, à Saint-Germain.

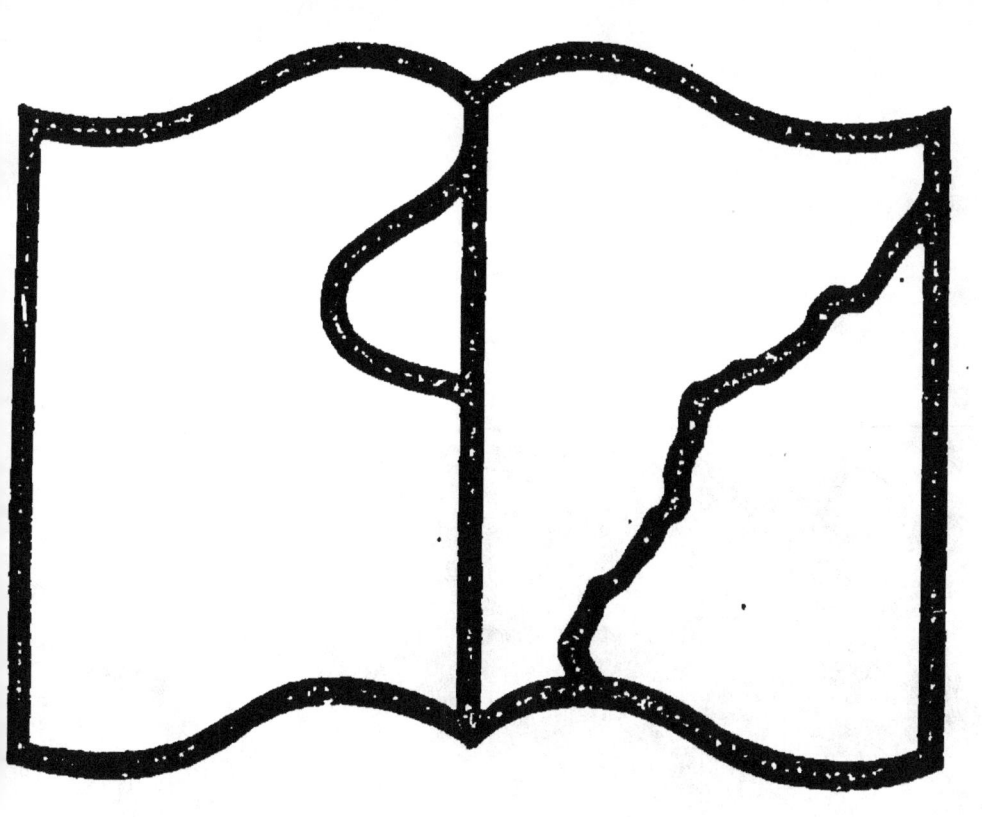

Texte détérioré — reliure défectueuse
NF Z 43-120-11

ALABLE POUR TOUT OU PARTIE DL
OCUMENT REPRODUIT

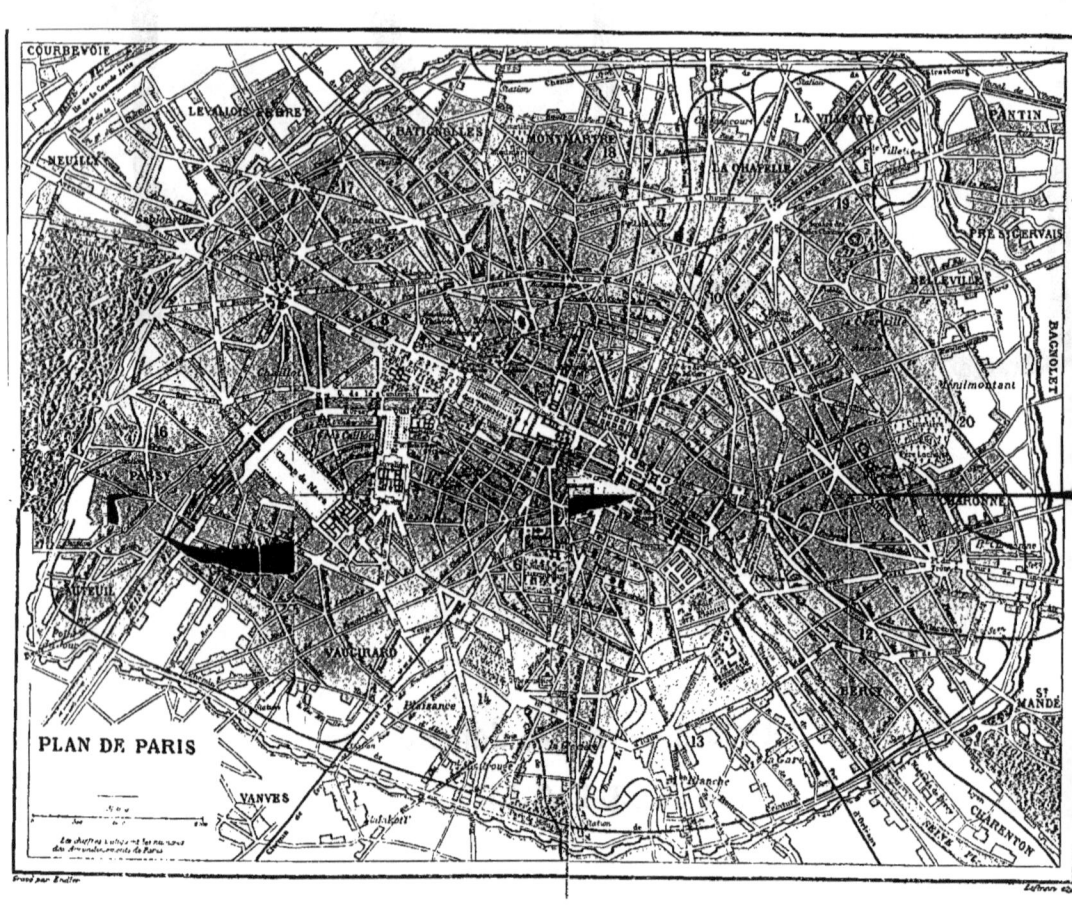

Plan du Palais du Champ-de-Mars

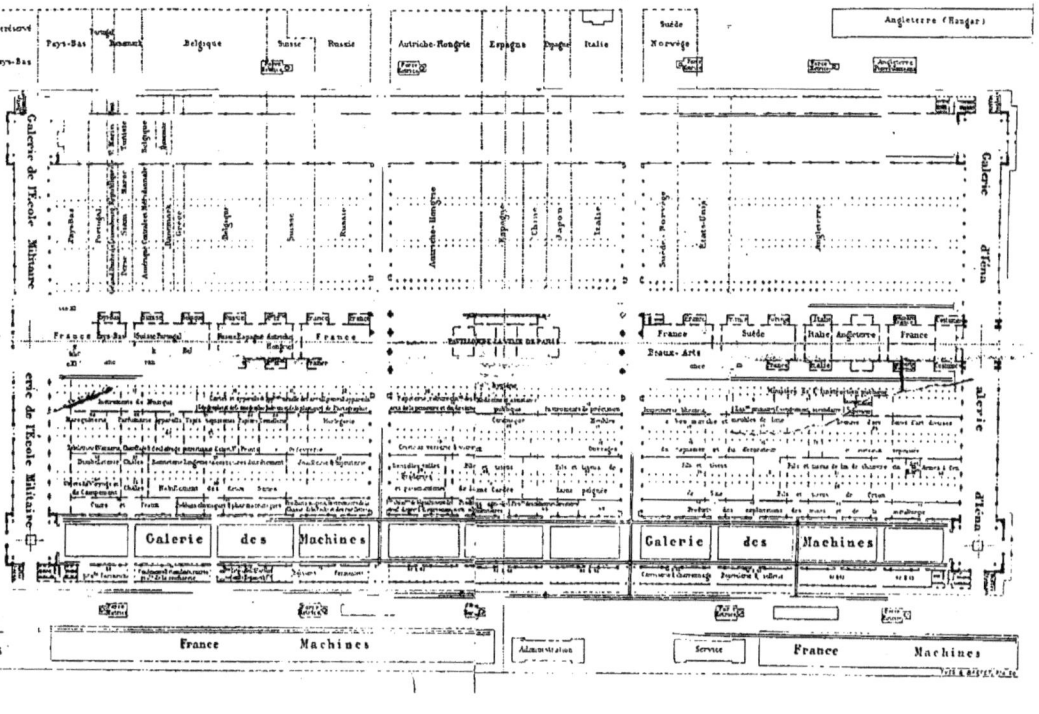

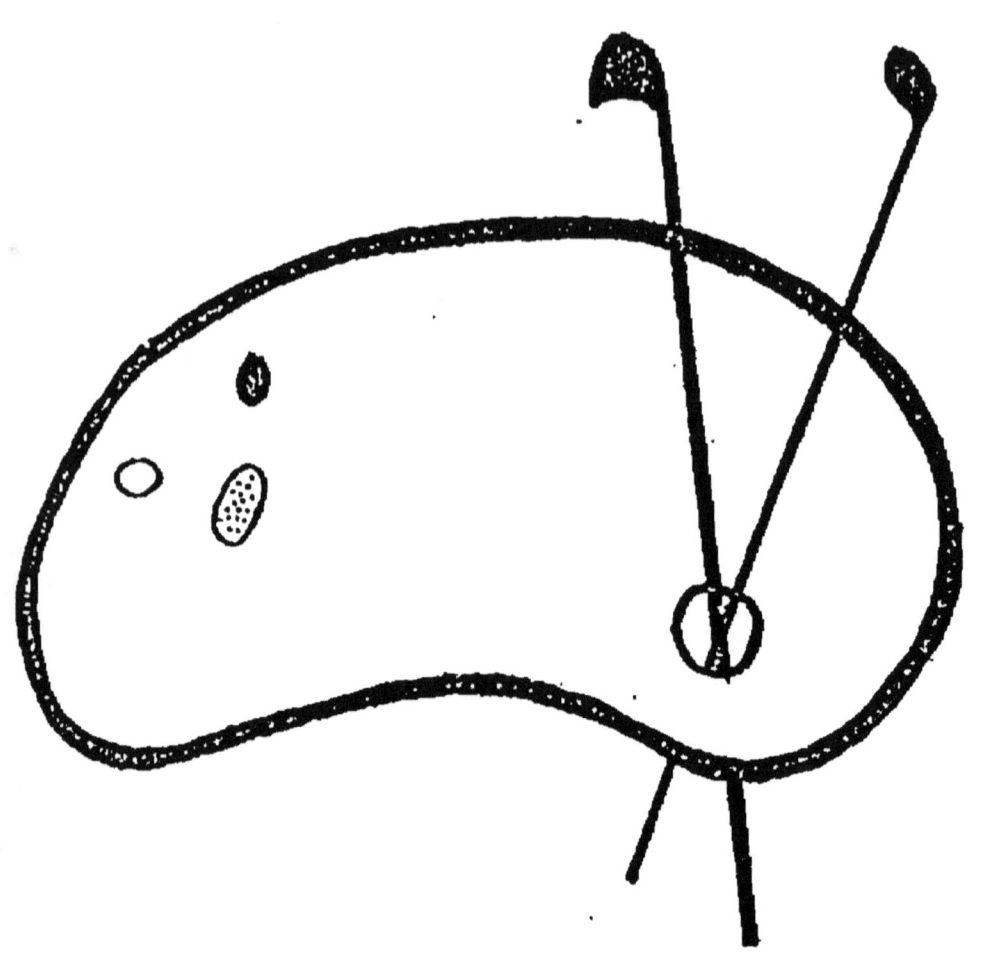

ORIGINAL EN COULEUR
NF Z 43-120-8

www.ingramcontent.com/pod-product-compliance
Lightning Source LLC
Chambersburg PA
CBHW071934160426
43198CB00011B/1395